高中英语课堂教学策略研究

张乃亮◎著

中国出版集团 现代出版社

图书在版编目（CIP）数据

高中英语课堂教学策略研究 / 张乃亮著. -- 北京：
现代出版社，2022.11
ISBN 978-7-5231-0016-5

Ⅰ．①高… Ⅱ．①张… Ⅲ．①英语课－课堂教学－教
学研究－高中 Ⅳ．①G633.412

中国版本图书馆CIP数据核字（2022）第222489号

高中英语课堂教学策略研究

作　　者	张乃亮	
责任编辑	裴　郁	
出版发行	现代出版社	
地　　址	北京市朝阳区安外安华里504号	
邮　　编	100011	
电　　话	010-64267325　64245264(传真)	
网　　址	www.1980xd.com	
电子邮箱	xiandai@vip.sina.com	
印　　刷	三河市华晨印务有限公司	
版　　次	2023年6月第1版 2023年6月第1次印刷	
开　　本	185 mm×260 mm　1/16	
印　　张	11.75	
字　　数	278千字	
书　　号	ISBN 978-7-5231-0016-5	
定　　价	58.00元	

前　言

　　新课标改革的不断深入，对高中英语教学提出了更高的要求，要求教师在教学的过程中不仅要关注学生相关英语知识的掌握，同时还要关注学生的英语学习能力和英语学习技能的提升，不断培养学生的英语语言素养，强化学生应用英语的综合能力，因此，在高中英语课堂教学过程当中实施有效性教学策略，对于学生的意义乃至教师、学校和社会的意义较为重要，且有利于师生关系的重新构建、学生的成长和发展，同时也能促进教师专业化的提高。

　　鉴于此，笔者撰写了《高中英语课堂教学策略》一书，在内容的编排上共设置六章：第一章作为本书论述的基础和前提，主要阐释英语课堂教学现状、英语课堂的教学观与学习观、英语课堂教学的新课程标准、英语课堂教学改革及发展趋势；第二章是高中英语课堂教学的内容体系，内容涵盖英语课堂教学的过程分析、英语课堂教学结构与技能、英语课堂教学的教材使用；第三、第四、第五章论述高中英语课堂的听力教学策略、高中英语课堂的阅读教学策略、高中英语课堂的写作教学策略；第六章突出创新性，围绕英语个性化的教学策略、学生人文素养的培育策略、英语自主学习及其教学策略、英语教学生活化的创新策略进行研究。

　　全书结构清晰，客观实用，内容通俗易懂，强化了理论的系统性与构成要素的完整性，本着务实、求新与开拓的精神，对高中英语课堂教学的相关体系进行详细论述，使读者能够从理论上获得指导。

　　笔者在撰写本书的过程中，得到了许多专家学者的帮助和指导，在此表示诚挚的谢意。由于笔者水平有限，加之时间仓促，书中所涉及的内容难免有疏漏之处，希望各位读者多提宝贵意见，以便笔者进一步修改，使之更加完善。

目 录

第一章 绪 论

第一节 高中英语课堂教学现状分析

一、高中英语课堂教师教学现状

（一）教师现状分析

"高中英语教师的课堂教学过程中有时会出现一些突发事件，如何处理这些突发事件就对高中英语教师提出了教学机智的要求"①，主要从以下几个方面分析教师现状。

（1）部分教师教学模式的单一不能激发学生学习兴趣。当前的英语教学不仅是孤立的学科知识传授，还要时刻结合英、美等国家的文化背景，使知识内容呈现出多样化。

（2）部分教师还不能完全适应新教材的教学，仍存在着传统的现象，表现为四个方面：第一，把较多的时间放在语言点的学习和语言技能的训练上，留给学生的活动时间相对减少，忽视了实际能力的培养。第二，被动多于主动，灌输多于启发，学生总是处于被动的听、记、背、练的苦学之中；重视结论的记忆，忽视学习过程。第三，重视教学的整齐划一，忽视学生个体差异的创造才能。第四，对新教材各种课型教学的思路、模式和方法掌握不准，不懂得如何针对不同课型建立不同的教学模式。

（3）部分教师忽视主体性原则。传统的看法认为教师的任务就是传授知识，于是一堂阅读教学课就成了"教师讲，学生听"的守旧模式，教师与学生间没能形成互动合作的教学氛围，学生的积极性和主动性没能得到发挥，从而影响了学生的学习热情，影响了阅读教学的效果。

---

① 刘露. 高中英语教师课堂教学机智现状及对策研究 [D]. 重庆：重庆三峡学院，2020：1.

（4）部分教师的文化素养、语言水平和教学能力亟待提高。例如，语音不准确，语调欠纯正；有的口语较差，语法错误较多，课堂语言单调贫乏，不能很好地胜任课堂语言交际活动的顾问和组织者的角色，以致无法创设一种"逼真的"交际环境。

（5）部分教师对于生词和歧义词的处理不当加大了学生的学习难度。对于一些多义高频词，如果不能向学生阐明各种意思以及出现的语言环境，学生是很难真正掌握的，如果遇见新的语言环境，学生就会仍然把它当成新词，这样就加大了学生在阅读学习时的难度。

（6）部分教师多媒体教学手段运用流于形式。通常是上公开课的时候，挂图、实物、录像、投影、录音机样样俱全，但在平时上课时依旧沿用一张嘴、一块黑板、一支粉笔的传统教法，致使平时课堂教学不生动、不活泼，教学过程呆板、气氛沉闷。

（7）部分教师在上课时过多地重视手段而忽视基础，可能一开始学生会因为新鲜而产生一定的兴趣，但这种兴趣不会持久。在课堂教学中，大部分教师仍沿用以讲授为主的传统教学方法，很少采用"情景教学法""听说领先"等现代教学法，不注重发挥学生的主体作用，学生仍然处于被动听课，既听不懂也讲不出，达不到学习英语的最终目的。

（二）英语课堂现状

（1）新教材，老教法。部分教师在课堂教学中，师生之间、生生之间的互动偏少，一节课留给学生自主学习或进行语言交际实践活动的时间甚少，学生缺乏自主学习、独立思考和合作探究的时间和空间。

（2）教学意识与教学行为尚有差距。教师的教学意识与课堂上的教学行为并不完全相符，这就出现了教学思想与教学行为之间的问题。

（3）有效提问少。部分教师的课堂问题设置局限在内容浅层或直接信息的提问，这样的问题很难激起学生的学习兴趣，教师不注意在知识的关键处、理解的疑难处、思维的转折处、规律的探求处设问，起不到由浅入深、启迪学生思维、使学生逐步深化认识的作用。

（4）重知识讲授，轻能力培养。部分教师只重视学生对知识的汲取和掌握，以让学生理解教材的知识内容为宗旨，以讲清课本语言素材的汉语意思，语言素材中的知识点为重点。课堂教学忽视培养学生的阅读能力、写作能力以及口头表达能力的培养。

（5）对课堂生成问题的处理和解决拿捏得不准。部分教师对于课堂授课过程中，出现的突发问题和新生成问题，不能做恰当而有效的知识延伸和相关问题的引领，对于学生当堂提出的问题，有的不知所措，有的所答非所问。

（6）英语教学中忽视文化背景知识的渗透。英语教学不仅是外语本身字、词、句、章的问题，这是以社会文化、经济、文艺、体育等各种人文科学和社会科学为背景的。如果没有这些知识的积淀，就难以把握文章的思想内涵。

（7）英语教学过程中德育渗透不够。大多数教师认为外语就是外语教外语，思想引领和德育教育，是班主任和其他老师的事，和外语老师没有关系。其实不然，外语当中的诸多文章都蕴含着深厚的思想内涵和地域文化，如果我们能够加以指导和点拨，一定会收到意想不到的教育效果。

（8）语言能力强于教学能力。有的教师语言素质相当不错，但在教学方面却仍然停留于传统的教学模式，学生被动学习，老师讲解过多。这恐怕与我国外语师范教育中重语言发展，轻教学能力培养有关。

（9）对教材理解不透，把握不准。教材只是教学的依据，教师应该根据实际需要对教材进行添加、删减、调整、置换等加工。有些教师过分迷信教材，不敢对教材的内容做适当的整合，也不注意给学生尽可能多地补充与课本内容难度相当的语言素材让学生学习和训练，影响了学生语言技能的进一步提高及文化知识视野的拓宽。

（三）课堂语言学习现状

1. 听说现状

部分高中学生会认为学好口语和听力较为重要，而且也想说一口流利的英语，可见，学生们知道口语和听力的重要性，有用英语进行交际的强烈愿望，但由于受学习条件和环境的限制，大多数学生的听力和口语基础较差，听力和口语水平较低。主要表现在以下方面：

（1）语言障碍。由于语言基础知识（包括语音、语调、语速、词汇、句型、语法等）不扎实，造成了听说的语言障碍。

（2）心理障碍。由于有的学生对英语学习没兴趣，产生了抵触情绪，因此，在听说训练时很少主动参与；还有学生对听说训练不重视，在听说学习和测试中抱有侥幸心理，答题时碰运气；另外，部分学生心理素质欠佳，缺乏听说技巧，在进行听说训练时常常紧张，对听说训练产生恐惧感，造成严重的心理障碍，直接影响其听说技能的发挥。

（3）背景知识不足。部分学生由于缺乏必备的英、美文化背景知识，对英、美国家的社会风俗习惯缺乏了解，没有注意到中外文化的差异而造成听说障碍。造成这些表现的原因主要有以下几个方面：第一，缺乏压力。目前，英语高考对口语没有硬性规定和考查，学生缺乏压力，觉得没有必要投入大量的时间和精力。第二，缺乏动机。很多学生认为自己今后不会选择英语专业，不会用到口语，即使今后出国深造，参加短期强化培训也不晚。第三，缺乏引导。许多教师，尤其是偏远落后地区的教师，不具备口语教学的能力，不能用口语驾驭课堂。

2. 阅读现状

（1）过度关注语言点。部分教师还是沿袭旧有的外语教学方式，过度重视语言点，对阅读材料逐词、逐句翻译，教师从头讲到尾。这样的课堂，教师既消耗体力又耗费时间，学生被动式的学习，失去了学习探究的动力，长此以往，学生也觉得枯燥乏味。在单位时间内，学生的阅读量、阅读速度、阅读技能和理解能力都会受到了较大制约。

（2）完全淡化语言点。部分教师认为，新课标教材淡化语言点和语法，对于阅读材料能理解大致意思就可以了，他们给学生指定了阅读材料和相应的问题后，只是让学生在限定的时间内找出与问题相关的答案就算讲完课了。这种矫枉过正的做法让学生失去了对整个语篇理解能力进行培养的机会，学生词汇储备较少，对包含有重要语法语言点的单句或复合句失去了剖析、理解和内化的重要过程。

（3）忽视背景知识的传授。学生不能在特定的情景中理解课文，也便无法根据相关知识理解材料，这就会导致理解力偏低。所以，他们不能把已学到的知识运用到具体的实践中去，最终导致学生英语语言交际能力水平低。

（4）阅读范围狭窄。部分教师认为抓住了教材也就抓住了高考。事实上，学生的阅读量应该相当地大，要通过大量而有效的训练达到能独立阅读英语报纸、杂志，并能根据需要从网络等资源中获取信息的目标。而部分教师的做法和培养学生这方面的语言技能的要求有待提升。

（5）缺乏足够的阅读技巧与方法指导。在实际的阅读理解教学中，有的教师对学生的阅读技巧与方法指导较少。即使有，也只是做一些简单的要求，如读多少、读什么、先浏览文章后看问题或先看问题后浏览文章。在实际的教学中，存在着只图阅读数量不图质量和耗时太多、效率极低的情况，难以应对高考的要求。

3. 写作现状

（1）对写作教学重视不足。长期以来，有些专家过多地强调语言交际功能的重要性，受之影响很多高中教师对写作常持有一种错误的观念，即认为写作无非是将口头语言呈现在纸上的过程。因此，无须进行特别训练，只要掌握充足的词汇和准确的语法，那么写出好作文就不难了。另外，从高考英语试题中引进标准化题型以来，在英语考试中，不管是期中、期末考试，还是高考，其题型主要是客观选择题，写作分数相对比重较小，并且写作水平的提高又是慢功夫，很难通过短期强化而取得显著的进步，所以在实际的课堂教学中，写作训练往往会被忽视。

（2）忽视学生英语写作兴趣。教师对学生作品评价缺乏多元化，导致学生写作内容脱离生活实际，学生缺少写作动机和表达自我观点的愿望。

（3）写作教学方式陈旧。长期以来，高中英语写作教学形成了一套固定、低效、重复的程序，即教师负责挑选写作主题，并提出写作要求，解释和指导写作方法，然后学生在规定的时间内完成并上交，教师再对学生的作品进行评改、打分。另外，教师发放范文让学生诵读、背诵。在此过程中，学生是处于教师的管理和控制中，被动写作，选题的自由、创作的自由、讨论的自由、合作的自由和自我表达的自由都不能得到充分的发挥。

（4）教授写作教学的教师素质不高。部分教师忙于知识点、语法的讲授，从而忽视了对写作教学深层次研究，因此，对写作评价不够完善、对写作教学缺乏信心等因素导致了教师对写作专项训练的指导不够理想。

（5）忽视培养学生英语交际能力。部分教师的教学活动仍然把注意力放在讲授课文大意、语言点、语法等内容上。没设计足够的机会、没创设足够的环境去训练交际能力，语言运用时就不能得心应手。

（6）英语写作训练缺乏。为了方便备课讲评，老师对学生的训练采用单一的形式，语言知识得不到有效的综合运用；写作训练侧重于机械性重复训练，缺少搜索信息、处理信息和输出信息的灵活运用技能训练。

二、高中英语课堂学生学习现状

（一）学习动机现状

普通高中学生学英语的动机大致分为以下情况。

（1）极少数学生是出于个人的兴趣、爱好学习英语，自身也有学好英语的愿望和积极性，而且在学习英语方面较有天赋，在普通高中这类学生较少。

（2）多数学生是为了考学的需要，有高的英语分数可以考到较好的学校。高考成绩中，英语分数占总分数的1/5，可见是占有绝对比重的。

（3）部分学生想学好英语，但由于自身智力因素不是很理想或从小文化积淀达不到一定的水平，学起来很吃力，找不到较好的学习方法，也不具备较好的语言思维方式。

（4）还有一部分学生无论是主观还是客观都丝毫没有学习英语的欲望。

（二）学习能力现状

从学生英语学习过程中应具备的能力方面来分析现状，具体如下。

（1）学生"听"的能力现状。造成学生听力问题的原因表现在以下方面：第一，学生语音知识存在问题，弱读、同化、连读、音素省略和爆破音等把握不好，在听以英语为母语的人士讲话或录音时感到困难；第二，听力设备缺乏，一些经济不发达地区的多媒体教室落后，上课多使用手提录音机，功能和音质都不理想，经常会干扰学生听的效果，分散学生听的注意力；第三，听力材料有限，多数情况下，大部分教师都是采用课本上的听力材料（如 Warming up 和 listening）以及课文的朗读磁带来进行听力教学。要知道光有这些听力材料是远远不够的。

（2）学生"说"的能力现状。第一，课堂内外经常说英语的学生微乎其微，绝大部分学生很少或者从不说英语。第二，基础知识很薄弱，难以说出流利的英语。如基本词汇、短语、句式的积累较为缺乏。第三，部分学校对学生语言运用的课程设置中，对说英语的能力培养重视不够。

（3）学生阅读的能力现状。第一，学生对阅读内容及阅读课不感兴趣；第二，词汇量有限，阅读速度太慢，阅读效率较低；第三，学生从总体上把握文章结构的能力偏低；第四，学生自主阅读意识差，没有良好的阅读习惯，也很少讲阅读方法。

（4）学生写作能力的现状。第一，大部分学生心里面有障碍，总觉得自己写不出来，不敢于尝试。第二，英语知识储备不足。首先，学生掌握英语词汇量的多少，直接影响到他们的英语写作水平。词汇越丰富，写起来就越得心应手，主题思想就会被更好地表达出来，写的文章质量也会越高。但实际上，普通高中的多数学生掌握的词汇都没有达到教学大纲的要求，部分学生甚至连一些常用词汇都不能正确使用。第三，缺乏相应的写作知识和写作策略的训练，甚至相当多的学生错误地认为写作就是相应英文词汇的堆砌。写作开展过程中不仔细考虑文章的主题，勉强凑足题目要求的字数就算万事大吉。由于语言组织能力和谋篇布局的能力严重缺乏，导致最后写出来的文章结构松散，内容贫乏，甚至偏题、跑题。第四，语言表达缺乏变式。对于教材所学到的基本句式及语言现象不能灵活使用，如不能恰当地用各种从句、非谓语动词等表达。第五，文笔不流畅。大部分学生能勉强写出一些句子，但句子之间、段落之间往往缺乏连贯性，学生不能合理、恰当地运用连接词和过渡词。

（三）学习方法现状

普通高中只有很少一部分学生能运用合理、高效的方法学好英语，大多数学生存在以下现状。

（1）习惯于"死记硬背"。机械地记忆单词是由哪些字母组成的，这是一种效率很低的记单词的方法，根本满足不了高中英语学习的需要。

（2）习惯于教师多讲，自己多记。把教师课堂讲的内容原封不动地复制到笔记本上。

（3）习惯于就英语学英语。不注重英语学科和其他学科间的关联，忽视了英语学习过程中其他学科是载体的事实。

（4）习惯于单词、短语、句式间割裂记忆，不善于建立他们之间的某些联系。

（5）习惯于就单词想单词，而忽视了单词存在的语言环境和背景。

（6）习惯于盲目地做大量习题，而不考虑效果如何。

（四）学习效果现状

（1）能按正常课程标准要求，完成学习目标要求各项内容，实现应该达到的学习效果，这只是普通高中学生中的少部分人。

（2）学习态度端正，但学习效果不佳。此类学生往往有着自己憧憬的奋斗目标，成绩中上不拔尖。导致的原因有：第一，基础知识不扎实，平时练习或做题时经常是基础知识得分率不高，该做对的没做对。第二，缺乏系统有效的学习方法。教师提供各种学习方法，但这群学生能真正采用的较少，大多是维持自己老的一套。第三，不善于自我总结，进行查缺补漏。他们在考试中经常出现多次被教师纠正过的错误。第四，不敢相信自己的语感或第一印象，考试中修改已做对的答案。

（3）学习无信心，上课表现为注意力不集中，喜欢讲闲话、偷玩手机、睡觉等。这些学生无明确的学习目标，学习效果更是无从谈起。

第二节 高中英语课堂的教学观与学习观

一、英语课堂的教师教学观

《高中新课程英语教学指导意见》是现阶段课程改革的纲领性文件，更是我们实施教学行为的教育观念与教育思想的支撑，它对英语教师的教学具有直接指导意义，也为广大英语教师的自身业务发展和有效教学行为提出了要求。另外，英语教师应深入学习和研究，在教学实践中从教育对象实际出发的教育教学思路，树立全新的教学理念。

（一）面向全体学生，以便满足不同需求

普通高中教育是面向大众的基础教育，英语教学也必然要为全体学生终身发展奠定基础。学生在英语课程的学习中会存在智力、习惯、兴趣、性格、态度、语言基础、能力、学习方式等方面的差异。教师要承认和尊重差异，以先天的禀赋为基础，尽可能地挖掘和发挥学生学习英语的潜能，并获得稳定的、长期发挥作用的基本品质结构，对于学生英语学习过程中的思想、知识、身体、心理品质等，教师都要认真关注，以便满足不同学生的不同学习需求，真正做到面向全体学生。

（二）重视基础学习，为未来发展准备条件

帮助学生学好语言基础，为他们今后升学、就业和终身学习创造条件，并使他们具备应有的基本英语素养，这应该是我们的英语教学方向。随着我国的对外开放在经济、文化和社会发展中地位的不断上升，对外交流的机会也越来越频繁，外语学习已经成为全社会共同的需求，通过学校教育获取外语知识的途径也越来越重要。那么，新的英语教学方向既要顺应时代潮流和人的自我发展需求，也要顺应未来社会发展的需求，使英语教育成为一种积极的，以关注人生、成就人生为主导的人文教育。

（三）优化学习方式，提高自主学习能力

"优化学习方式"就是使学习方式尽可能地完善，从而产生最佳的效率。而一个完美的或高效的学习方式有赖于学生的自主学习能力，以达到自我调节和自我完善的目的。培

养自主学习能力的过程就是进行自主学习的过程，也是引导学生培养积极主动的学习方法，以形成各自有效的学习策略的过程。

学习方式不仅是指具体的学习方法，还是指学习新知识或解决问题时采取的一贯方式。学生接受教师所传授的、课堂所讲授的、书本所灌输的知识，然后去理解、记忆并回答考试题的传统教学方式虽然能使部分学生打下扎实的基础，但学生被视为"应试的机器"或是"可填塞知识的容器"，他们并没有受到应有的尊重，得不到应有的发展"空间"，难以发挥主动性和创造性。

二、高中英语课堂的学生学习观

高中生英语学习观直接决定了学习方式和学习效果。因此，树立正确的学习观念是英语学习过程中首要的问题，更是值得广大的一线教师和学生共同研究的问题。

英语学习观念是人们对如何学好英语的各种各样的认识，特定的文化环境、个人的经历和他人的言行造成了学生英语学习观念的丰富性、差异性。但新课程背景下，对学生学习效果及学习能力有更新的要求，这些要求的实现是传统的学习方式不能满足的。因此，广大的一线教师要对指导学生树立新的学习观念和探究新学习方式进行认真的思考和研究。

作为课程改革的最大受益者的学生，要主动适应，树立全新的学习观念。要从自身是学习的主体角度去关注自己的学习以及各种能力的培养和提高。

（一）树立新课程背景下学生的学习理念

1. 自主学习理念

自 20 世纪 80 年代以来，自主学习已逐渐发展成为教育的热点，尤其是"语言学习的自主性"更是被广泛关注。自主学习即启发和引导学生从"不会"到"学会"，再到"会学"，逐步培养学生自主学习的能力。学生的个性是认识的主体，实践的主体，自我发展的主体。学生应该由一个知识的被动接受者变为自我积极探究的学习主体，在接受知识本身的同时体验获得知识的乐趣、学会获得知识的方法的过程。

2. 终身学习理念

作为一个学生应该知道，现代社会是一个生理寿命延长、知识寿命缩短的社会，知识经济时代的学习与以往相比，无论是在内涵上还是在内容、方法、时间安排及相关影响上都有一定的差异。第一，学习内容扩大与更替周期缩短；第二，知识总量的扩张与更替周期的缩短，每个人的学习时间都是由青少年时期延伸到人的一生；第三，学习是维持生计与创造新的生活的手段。学习就是我们工作的组成部分，所以各行各业都要提倡继续教育、终身学习。因此，只有不断学习，才能始终把握科学技术发展的脉搏，才能始终站在知识创新的前沿，才能不断增强自身的竞争力。

3. 多元学习理念

学生在学习英语的过程中都体现了其特有的优势，独特的学习方法和不同的学习潜能。针对这些学生应该树立充分挖掘他们自身不同智能优势的学习理念。树立自主学习的学习理念，培养学习兴趣，激发学习动机是当今学生最应该关注的事情。

4. 优化学习理念

优化学习观应该包括两个重要部分，即优化学习方式，高质量的学习效果。学生应该树立运用现代化学习手段和寻求探究良好的学习方式理念，同时更应该明确，学习辅助手段的优化是良好学习效果的重要保障。如利用多媒体手段、分组讨论合作探究等学习方式都可以让自己积极地投入英语知识的学习中，从而在轻松的课堂氛围中提高学习质量。优化学习理念也包括学生在学习的过程中，通过认真研究、思考选择适合自己的学习策略，在有限的时间内，达到最高质量的学习效果。

5. 创新学习理念

新课程标准下的外语学习要求学生从自身出发，挖掘自身学习潜能和自身学习的积极性、主动性，进行自主、探究、合作式学习，这一学习目标的实现，要靠学生自身的积极探索、大胆创新，不断用创造性的思维去融入学习的情景中。当前英语学习方面有很多问题，其中最严重的莫过于对学习英语不感兴趣，缺少学习英语的动力。为了提高中学生英语学习的积极性、主动性，树立学生学英语的自信心，就要转变学习观念，积极探索不同的学习思路，优化学习方式，学习者要努力为自己创造一个轻松、愉快的学习环境。

（1）科学利用多媒体和网络技术优化英语学习，运用多媒体技术创设教学情景，激发学习兴趣，做到寓学于乐。通过计算机对文字、图像、声音、动画等信息进行处理，进而形成声、像、图、文并茂的学习系统，能起到激发兴趣、引人入胜的效果。通过对多种资源进行再次利用，做到对知识信息的不断加工、组合和整理，真正实现英语学习的大容量、快节奏、高效率。在搜集、整理和应用的过程中，通过多种资源实现将知识、能力、价值观融为一体的学习。此外，我们在使用多媒体学习时，要充分考虑自身学习的主动性和创造性，为学会自主学习提供前提条件。同时，为学习者提供更加广阔的创造性思考空间，通过多媒体学习系统引发学习者思考、讨论、回答问题，开发自主意识。

（2）充分发挥传统学习手段的优势，探索学习的新思路、新方法、新模式，"复习铺垫，以旧引新"与"创设情景"共存。学生要努力营造积极主动活泼的学习氛围，充分挖掘成功的学习经验和学习方法。学生学会课前先对教学内容、教学过程、教学步骤进行大致的分解，探索知识的规律，认识其本质特征，培养思维能力，掌握学习方法，这也是多媒体教学所远远达不到的。

（二）探究新课程背景下学生的学习方式

要改变传统单纯接受式的学习方式，努力构建充满生命力、能充分调动发挥学习主体（学生自身）最大潜能的学习方式。

1. 自主学习方式

自主学习是一种全新理念的学生学习和教师教学的模式，是学习者在学习过程中"能够对自己的学习负责"，换言之，学生能够负责就有关学习各方面的问题进行决策，主要包括确定学习目标，决定学习内容和进度，选择学习方法和技巧，监控学习过程，评估学习效果。

语言学习的目的不是为了掌握语言知识，而是看其能否熟练运用语言来表达自己的思想，完成各种任务，更重要的是要掌握日后继续学习所必需的态度和方法技巧。这种目标的达成并不是以学生掌握了多少词汇、能够背诵多少语法条文为标准，而是以学习者综合运用各种技巧模式对信息进行积极加工、对学习过程自我监控，从而达到自然运用语言的过程。

2. 合作学习方式

合作学习是指学生在小组中为了完成共同的任务，有明确的责任分工的互助性学习，是课程标准积极倡导的一种学习方式。小组合作时，同学们各抒己见，取长补短，观点不一，集思广益。学生合作学习时，要进行明确的分工，让每一组的每一名学生都各司其职。学生间相互合作学习无论对于书本知识的学习效果，还是学生间相互影响学到的课外知识内容都有着积极的促进作用。同学之间互教互学、彼此交流知识的过程，也是互爱互助、相互沟通情感的过程，它能促进学生认知的发展，特别是责任心、人际交往能力的提高。

探究学习注重学生的自主探索真知的过程，注重满足学习的心理，给学生提供展示自我的机会，使枯燥的内容学起来饶有兴趣。学生从兴趣出发，进行自主探究、思考，运用已有的知识经验、思想方法，自己解决，发现新规律，实现知识的再创造，实现从不自觉到自觉地学习，并养成良好的学习思维习惯。

总而言之，自主、合作、探究学习是在新课程理念下学生的一种重要学习方式。有效的自主、合作、探究学习，能够唤醒学生沉睡的潜能，激活封存的记忆，开启幽闭的心智，促使学生综合素质的提高。

3. 情感体验学习方式

学生在语言学习过程中，不仅是单纯记忆单词、短语、句式，而且要把自己融入语言环境中去感受、去体验、去品味，以便实现对知识的理解、领会、掌握、运用。

第三节　高中英语课堂教学的新课程标准

《普通高中英语课程标准》（2017年版）中明确指出：高中英语教学应结合高中学生的认知发展能力以及切实需求，注重培养学生的能力。其内容包括：在社交中得体地使用英语；用英语获取并处理信息；养成批判性思维，并使用英语来分析和解决问题。

一、高中英语课堂教学新课程标准的理念

第一，重视共同基础，构建发展平台。普通高中英语课程是义务教育阶段课程的自然延伸，是基础教育阶段课程的重要组成部分。因此，普通高中英语课程要在义务教育英语课程的基础上，帮助学生打好语言基础。高中英语课程应根据高中学生认知特点和学习发展需要，在进一步发展学生基本语言运用能力的同时，着重提高学生用英语获取信息、处理信息、分析和解决问题的能力；逐步培养学生用英语进行思维和表达的能力；为学生进一步学习和发展创造必要的条件。

第二，提供多种选择，适应个性需求。高中阶段的英语课程要有利于学生个性和潜能的发展。因此，高中英语课程必须具有选择性。而课程的多样化是实现课程可选择性的基础。高中英语课程既关注社会的需求，也满足不同学生的发展需求。在完成共同基础的前提下，高中英语课程力求多样化，其教学方式可以采用混合式等现代教学法，为每个学生提供自主选择和自我发展的机会，使学生在选择中提高规划人生和自主发展的能力，确定自己未来的发展方向。

第三，关注学生情感，提高人文素养。高中英语课程关注学生的情感，使学生在英语学习的过程中，提高独立思考和判断的能力，发展与人沟通和合作的能力，增进跨文化理

解和跨文化交际的能力，树立正确的人生观、世界观和价值观，增强社会责任感，全面提高人文素养。

第四，优化学习方式，提高自主学习能力。高中英语课程的设计与实施有利于学生优化英语学习方式，使他们通过观察、体验、探究等积极主动的学习方法，充分挖掘自己的学习潜能，形成有效的学习策略，提高自主学习的能力；要有利于学生学会运用多种媒体和信息资源，拓宽学习渠道，形成具有个性的学习方法和风格。

第五，完善评价体系，促进学生不断的发展。高中英语课程要建立旨在促进学生全面发展的多元化评价体系。评价要有利于学生的发展，对学生的学习能起到促进作用。要采用形成性评价和终结性评价相结合的方式，着重评价学生的综合语言运用能力以及在学习的过程中表现出来的情感、态度和价值观。评价体系要有助于学生监控、调整自己的学习目标和学习策略，要有助于学生增强英语学习的信心。

二、高中英语课堂教学新课程标准的目标

高中英语课程的总目标是使学生在义务教育阶段英语学习的基础上，进一步明确英语学习的目的，发展自主学习和合作学习的能力；形成有效的英语学习策略；培养学生的综合语言运用能力。综合语言运用能力的形成是建立在语言技能、语言知识、情感态度、学习策略和文化意识等素养整合发展的基础上。语言技能和语言知识是综合语言运用能力的基础。情感态度是影响学生学习和发展的重要因素。学习策略是提高学习效率、发展自主学习能力的先决条件，文化意识则是得体运用语言的保障。

根据高中学生认知能力发展的特点和学业发展的需求，高中英语课程应强调在进一步发展学生综合语言运用能力的基础上，着重提高学生用英语获取信息、处理信息、分析问题和解决问题的能力，要特别注重提高学生用英语进行思维和表达的能力；形成跨文化交际的意识和基本的跨文化交际能力；进一步拓宽国际视野，增强爱国主义精神和民族使命感，形成健全的情感、态度、价值观，为未来发展和终身学习奠定良好的基础。

综上所述，"高中英语教学要鼓励学生通过积极尝试、自我探究、自我发现和主动实践等学习方式，形成具有高中生特点的英语学习的过程与方法"①。

---

① 宾翠元. 刍议新课程标准背景下高中英语情景教学新思路 [J]. 求知导刊, 2020 (18)：32.

第四节　高中英语课堂教学改革及发展趋势

一、英语课堂教学改革的意义

英语课堂教学改革的意义体现在很多方面，此处以混合教学模式下的高中英语教学改革为例进行阐述。

（一）能够创新英语教学理念

要想在高中英语课堂中更好地应用混合教学模式，需要更新教学观念，真正树立起混合式教学理念。将混合式教学的理念融入英语课堂中，能够加深英语教学与互联网技术之间的融合，从而更好地把互联网模式、理念或者技术等应用到教学的过程中，这有利于高中英语课堂教学的创新与变革。另外，高中英语课堂混合教学模式也促进了各种教学方法、理念和技术之间的相互融合，从而使英语课堂能够对各种方法和技术进行综合运用，发挥各种方法和理念的优势，解决实际教学过程中所遇到的问题，并使高中英语教学得到进一步的创新。

（二）构建多边互动的师生关系

构建混合模式下多边互动的师生关系，如果将混合教学模式应用在高中英语课堂中，必然会使教师与学生的角色功能、任务、关系等发生非常明显的变化，具体如下。

第一，混合教学模式更加强调学生的主体性地位。教师应该花更多的精力去帮助学生提高自主学习的能力，引导学生通过各种平台和渠道搜集自己所需要的信息资料并最终形成最适合自己的学习模式。

第二，教师的功能和任务也发生了变化，在课堂教学指导方面以及教学设计方面都更为复杂。教师要及时更新自己的教学理念，及时了解教学新环境，在提高自身综合能力的同时加强对英语课程的合理设计，将各种混合式教学理念、方法和技术等融合起来，从而使高中英语课堂对学生起到更好的教育作用，最终达到英语核心素养的培养目标。

第三，师生关系变得更加密切。师生之间关于教学方面的交流和互动，不仅能够加深学生对知识的理解，促使学生对遇到的问题进行反思，还能够使学生对课堂内容的记忆更加深刻，这无疑有利于学生对相关知识点进行熟练运用。

（三）推进英语课堂的多元发展

推进高中英语课堂混合式模式的多元化发展。将混合教学模式应用在高中英语课堂中，使传统课堂发生了重要的变化，并且课堂教学的所有环节都更加多元化，更加具有开放性，从而推动了英语课堂创新性的发展。从教学资源方面而言，混合教学模式能够对新媒体以及互联网中优良的英语教学资源进行汇总和分享，从而丰富高中学生的英语学习资源。有了这些资源的支撑，学生能够增加自己的知识储备，并进一步提升自己的能力。从教学手段方面而言，混合教学模式所使用的教学方法和技术并不是单一的，这对教师提出了更高的要求。教师应根据英语课堂的具体需求灵活使用各种教学方法和手段，从而有效地解决课堂中的各种问题。

综上所述，高中英语课堂混合教学模式在互联网信息技术的基础上，使英语教学更加多元和开放，使课堂教学的所有环节都更加完善，从而提高了英语教学的质量和效率。

二、高中英语课堂教学改革的发展趋势

第一，高中英语教学改革技术层面的发展趋势：数字化、网络化、智能化、多媒体化。如果从技术层面来分析，高中英语教学改革呈现出数字化、网络化、智能化、多媒体化的基本特点。数字化主要体现在教学系统操作简单、标准统一、性能可靠等方面；网络化主要表现为信息资源共享、时空限制被打破、人与人的合作更为便捷；智能化体现为教学活动更加人性化、人机互动更加高效、复杂任务可以实现代理化；多媒体化表现为教学媒体设备的一体化、信息表现形式的多样化以及复杂现象处理的虚拟化等方面。

第二，高中英语教学改革教育层面的发展趋势：开放性、共享性、交互性、协作性。开放性为教育的未来发展提供了更为广阔的发展空间，使教育呈现出社会化、终身化的发展趋势，使学习呈现出生活化、自主化的发展趋势。共享性是信息化的本质特征，正是由于这一特征，教育教学才获得了丰富的教学资源，信息技术将各种软件程序、档案资料、数据文件整合为一个强大的资源库，只要有需要，资源库内的各种资源就可以实现共享。交互性为学习者提供了更多与他人交流的机会，学生遇到不懂的问题可以向教师提问，可以与同伴交流，积极发表自己的观点并从别人的观点中获得解决问题的思路，从而加深对知识的理解和记忆。协作性为教师提供了更多与别人协作、探讨的机会，也促进了学习者之间的合作，从而推动教学向着更加高效的方向发展。总而言之，高中英语教学改革的发展趋势，主要是向着混合教学的方向发展。[1]

---

① 王芳. 新课改下高中英语教学的发展趋势 [J]. 报刊荟萃：下，2018 (5)：142.

第二章 高中英语课堂教学的内容体系

第一节 高中英语课堂教学的过程分析

一、英语课堂教学过程——备课

备课，是指教师在课堂授课之前进行的设计准备工作，即教师根据大纲、课程标准等要求和本门课程的特点，结合学生的具体情况，选择合适的教学方式方法，对教材内容作加工和处理，规划教学活动。概括而言，备课是教学过程的精心预设，既包含着教师对课程教学内容的理解水平，也包含着教师的创造性劳动。

在日常的教学工作中，英语备课应注意以下问题："备课前要钻研教学大纲，通读、熟悉、钻研教材，找出教材的重点、难点和它们之间的内在联系；不要受课次顺序的限制，而要把一个单元作为一个整体来进行考虑；备课时应根据学习的一般规律和学习英语的特殊规律考虑教法；应考虑学生的思想实际和学习实际，在充分了解学生的基础上考虑教法"。①

（一）备课的具体原则

（1）更新观念。备课应体现创新的教学思想，融入新的理念，结合所授知识内容，把握高考改革方向，从提高学生学科素质入手，激发学生学习英语的兴趣，帮助他们获取英语学习的成就感，从而树立起学习英语的自信心。

（2）把握教材。在了解全部高中英语教材的基本内容和结构的基础上，重点阅读当前学生所学教材，厘清本册教材的具体内容、教学要求和在整个高中英语教材中的地位和作

---

① 代平英. 英语备课应注意的几个问题［J］. 中国校外教育（理论），2007（11）：87.

用，以及知识前后衔接和能力培养的近期目标和终极目标。

（3）遵循规律。教学要遵循教学规律，按照教学规律办事。同时也要遵循《英语教学大纲》《英语课程标准》和《英语高考考试说明》这些纲领性的文件，去探索属于我们自己的教学策略。教师运用这些理论来武装自己的头脑，并在教学实践中不断研究和探索，使之不断充实和发展。

（4）关注差异。根据具体学情采用不同的教学方法。最好的教学方法不一定是最好看、最热闹的，而应该是最适合学生实际情况、适合教学内容且效果较好的方法，能够做到因材施教。

（二）备课的主要内容

1. 备教材

（1）教科书的解读。科学地分析、研究、提炼教科书中要传授给学生的知识内容，整体把握教材的结构框架、知识内在联系，以及前后知识点的衔接。教师在备课过程中要进行合理的知识整合，做必要的删减、增补、变式、转换、连接等。教材是学生学习的一种重要的资源，也是师生沟通的中介。充分利用教材，开展创造性的教学是新课程的基本理念。

（2）教学大纲、课程标准及高考说明的解读。通过阅读、分析这些材料，教师能充分把握学生对所授课内容要达到的能力目标和德育目标，设计出为了能达到这些目标所选择的授课技能和策略。

（3）教学资源的开发、整合与利用。教师在备课时一定要思考课内与课外的联系，学科内各章节之间的联系，所教学科与其他学科的联系，学生旧有知识经验与新知识的联系，教师要通过阅读相关书籍，请教有关学科教师，或通过上网查询有关知识来充实个人的知识储备，以应对学生可能提出的种种问题。因此，教师在解读教科书这一课程资源的同时，也应该收集、筛选、整理和课堂所传授知识相关联的其他课程资源，如必要的拓展和延伸知识所需用的文字、插图、列表的材料，可以用实物展示，也可以编辑成课件材料进行放映。

2. 备学生

课堂教学要想收到师生"双赢"的效果，教师既要钻研教材，又要充分了解学生，做到掌握学情，分类推进，使学生在不同程度上科学发展。学生不仅应该成为课堂学习的主体，更应该是教师备课的出发点和归属点。我们上好课的前提条件是把学生的需求放在第一位来考虑，否则，无论是多么丰富的教学都将失去它的真正意义。新课标下的教学目标已经变单一目标为多元目标，教学的过程应该关注知识、能力、思维和情感、态度、价值观、内心体验、个人感悟等诸多方面。

好的教师和好的教学行为，无论课前、课中、课后都应该把重点放在对学生诸多因素的关注上。备课要备学生自然是每位教师在每节课的备课环节上要考虑的重中之重的问题。教师在备课时先要了解自己的学生，备课时的切入点要面向中、差等学生，课堂教学注重抓基础教育。内容包括：备学生的学科认知特点和规律；备学生的知识基础；备学生的经验、思想和生活关注点；备学生的能力；备学生的情感因素；备学生的身心特征，等等。

（1）备学生的学科知识基础。每一学科都有每一学科内在的知识结构，前后知识点的内在联系非常紧密。普通中学生的学科知识都是有欠缺的，所以每个环节都要有衔接，给学生"梯子"，让学生够得着。教师在教授新知识之前，把知识本身分析透彻是首要的条件，而对于教学对象的学生——教学主体，能够清楚地了解更为重要。教师在备课期间，要充分考虑学生对本节课知识的已有基础是什么样的，对于接受新知识中间还存在哪些衔接性知识需要填充或铺垫。在讲授新课前，特别要了解学生对原有知识的预习准备得是否充分；新课讲授中可能出现的困难和障碍以及学生对新知识的兴趣是否浓厚等。

（2）备学生的文化知识背景。学科知识不是孤立地存在于其他学科知识之外而存在，知识间都是相互渗透、相互关联，尤其是语言学科知识更是由其他学科知识作为载体呈现出来的。语言是一切知识的外在表现形式，知识都是通过语言释义、表达、呈现、归纳、概括、总结出来的，离开语言也就无从谈起对知识的领会、理解、掌握、消化、吸收，反之，离开其他各方面知识语言的存在也是没有意义的。以上所叙述的辩证关系表明，要学好语言，首先要有一定的社会文化常识、自然科学知识、社会科学知识等为背景。教师在备课的时候，要充分考虑学生的背景知识，可以做必要的扩充或增补，以便学生能更有效地接受和理解所学的新知识。

（3）备学生的学习方法。学生的知识结构、思维方式、行为习惯各不相同，决定了他们所采用的学习方式也各具差别。有的孩子喜欢死记硬背，有的孩子喜欢理解记忆，有的孩子喜欢用旧知识带新知识，有的孩子喜欢边学边联想，有的孩子喜欢集体合作……针对普通高中的现状，可以采用教师引领、学生合作探究、自主学习的方式。

（4）备学生就是要关注学生的生活经验。高中学生对于知识的掌握和提高，应该是建立在一定生活经验、生活阅历以及相应的知识基础上的。那么教师备课时，首先就要考虑怎样才能把学生已有的知识进行有效的开发和利用，知识的传授尽量是在已知基础上，加上个人的经验和阅历，方能收到更好的效果。

（5）备班集体学生整体学习氛围。教师在备课过程中，要考虑班级特征、学生构成、智能结构、学习情况、兴趣爱好、对本学科的学习态度及代表性意见等。只有对班级了如指掌，才能统揽全局，科学实施。

备学生的目的是做到根据学生的年龄特点、实际水平以及具体需要等，采用合理的教学方法，搜集相应的教学资源或创设恰当的教学情景进行教学。只有事先"备好了学生"，才能有的放矢地进行教学，高质量地完成教学任务。

3．备教具

善于运用网络辅助备课，以开阔学生的视野；不但要精心地备教法、学法；还善于自己动手制作精美实用的教学课件，使教学直观。特别应备齐学具，要根据学法确定学具的数量。

4．备教学法

（1）备教法。备教法就是遵循课标、考纲，从学生实际出发，设计优化的课堂教学过程，以实现有效教学的目的，把教材的厚度（教材中隐性的内容）、精度（教材的重点、难点、关键点）、梯度（学生通过循序渐进才能掌握知识，提升能力）、广度（学生获得新的教材内容中有关的知识和观念）等内容备出来。教学方法是为了达到教学目的、完成教学内容，采用教学手段而进行的、遵循一定的教学原则而采用的一套教学行为，也是师生的相互作用的活动。教学有法、教无定法，因此，没有绝对意义上的好教学方法，教学方法的好与坏是相对于具体的教学目标、学生、教师而言的，是与当前的教学情境相适应的。任何一种教学方法都有其自身的优点和特定的功能，也有其自身不尽如人意的地方。所以教师在备课时，尤其备英语阅读课的时候，既要考虑其使用性，更要考虑其灵活性，无论是教学方法本身，还是组织形式或课堂管理因素的组成，都要让这一切成为一个连贯的整体，为有效达成教学目标服务。

（2）备学法。根据学生已有的知识水平、年龄特征以及教学要求等特点，导之以高效的学法。从课前预习、课堂阅读、听课笔记、知识记忆、分析运用到课后训练、笔记整理、知识梳理拓展等方面都精心设计，以便给予学生有效的指导。

（3）备考法。教师认真研究大纲、课标、考纲等纲领性文件，针对教学内容的知识点、重难点和注意点，研究考练规律，精心创设课堂提问、设疑讨论、目标练习、课后作业、单元检测、模拟训练、各类题型解析等方式方法，引导学生动脑、强化学生记忆、深化知识迁移、培养学生能力。

5．备自己

备课要备教材、备教法、备学生，教师们已经对此认同并接受实施，而"备己"，并不是所有的教师都能经常思考的，或者说能足够关注的。"备己"是教师学习、反思、成长与发展的过程，教师一定要清醒认识、深刻理解，并主动地进行实践，提升自己并促进学生更快、更好发展。

（1）"备己"有利于教师积极适应新的课改精神，践行新的授课思路，更新课改理念。新课程标准要求广大教师把教学重心放在如何促进学生"学"上，让学生成为学习的主体，在课堂上教师要放手，把学生的主观能动性充分地发挥出来，把学生的才能与个性真正联结并得以发挥。另外，新课程要求教师不能将教学游离于课程，而是要成为课程的研究者、建设者和开发者。所以，教师"备己"可以帮助教师真正地理解和把握新课改的理念及要求，以形成正确的教师观、学生观、课程观、师生观、教学质量观等来指导自己的教学实践。

（2）"备己"有利于教师自身业务水平的提高和发展。教师"备己"能够促进教师对自己的教育教学中的各种情况以及最终效果进行认真的剖析与反思，结合教育教学实际，积极进行教学研究的过程。通过"备己"也可以使教师真实、全面地认识自己，了解自己的真实知识含量、业务水准、语言层次等各方面的素质。坚持"备己"，教师的文化素养和业务能力及语言表达等综合素质都能极大提高，实现促进教师专业化成长的目标。

（3）"备己"对学生也具有潜移默化的影响和感染，有利于促进学生的成长与发展。教师在教学的过程中发挥着主导作用，教师的人格、学识、言行等对学生而言，无时无刻不在潜移默化地影响着学生。"备己"正是使教师检视自己、完善自我、增强自信心以及自身魅力，所有这一切对学生而言毫无疑问是一种无声的语言育人方式，会让学生不知不觉中在心里产生震撼，它能使学生切切实实地感受到老师的乐观、积极、向上、关爱和期待，进而"亲其师信其道"，使学生得以更加健康地成长，有利于学生的发展。

在日常的教学中我们的教师或多或少地也都在"备己"。如上课前，老师会写课前思考，从自己的已有知识和教材要求应该掌握的知识和技能的对接情况，考虑自己的教学切入点。教学设计时，教师时常会想如何运用新理念指导自己的教学实践，如何扎扎实实地提高课堂效率等；教学后，针对自己的教学进行课后反思等。

6．备板书

教师的板书是知识主体及教学思路的外在呈现形式，既能体现教师的学科知识素养，更能体现出教师教学的综合素质，因为板书的规范性、逻辑关系的严谨性、语言呈现的精练性、知识呈现的科学性与巧妙性均能清晰地展示出来，所以，教师在备课的时候，不能忽视备板书。对于一个普通高中的生源情况而言，上好一节英语阅读课，如果忽视了板书的作用，是不明智的做法，如果利用好板书，会对教学起到事半功倍的作用。

7. 备辅导

辅导形式宏观分为课内辅导和课外辅导。课内辅导是指在课堂上，贯穿整个授课过程所进行的在教师指导下，学生自主学习、领会、吸收、巩固新知识，延伸和拓展已有知识的途径和办法。简单而言，就是对学生自主学习的指导。课内辅导的策略直接影响着教师的教学效果和学生的学习效果。

8. 备作业

学生的作业是对课堂所学知识的进一步理解消化和巩固提高的过程，是对课堂教学效果的检验。教师备课时对所设计作业的内容、形式、数量都要做详细的考虑，认真对待，因为完成作业的过程也是检验教师教学效果和学生学习效果的最有效途径。如果作业布置得科学，学生既节省时间，又少花费精力，还能收到良好的效果，否则，不但要花掉大量的时间，还要耗费大量的精力，结果事倍功半。所以教师在备课的时候要精心设计，科学安排。

9. 备反思

传统的备课，只注重教学目的与要求、教学重难点、教学准备、教学过程等方面，往往忽视了一个重要的环节，就是备后记。备后记是对自己备课后在教学实施过程中教学效果的一个反馈，能为以后的教学起到查漏补缺的作用。成功的教学体现出教师自己创造性的教学思维，从不同的角度和深度把握教学的内容。教师将教学过程中自己感受深刻的、达到预期效果和引起教学共鸣等的做法——记录下来，备后记的过程也就完成了。

（三）备课的不同类型

1. 个人备课与集体备课

（1）个人备课。教师的个人备课就是教师个人通过对要讲授的知识内容进行分析、归纳、整理、挖掘、提升、再加工后，通过某种途径和办法传授给学生的提前准备过程是集体备课的基础。个人备课的基础是钻研学科教学计划、教学大纲和教材；个人备课的关键是在知识的基础上，实现德育和美育目标；个人备课的重要环节是了解学生的学习态度、兴趣、方法和意志，激发学生的求知欲；个人备课的基本流程要全面考虑有目的地设计教学程序。对讲授的内容、基本训练、教学方法、教具使用、复习提问的内容、板书设计、作业选择等，怎么设计、怎样安排都要周密计划好，使教学成为有目的的系统活动。备课过程，除了研究知识目标，更应该关注如何通过教学过程，完成对学生情感态度价值观的提升。

（2）集体备课。集体备课是指把教同一门课程的教师组织在一起，对所授课内容进行集体分析、归纳、整理、挖掘，共同研究、探讨，进行有效教学的课前准备过程，是在教师个人钻研的基础上集体进行的教学研究活动，是一种集集体智慧共同讨论研究教学中的普遍性问题的方式。集体备课采取的形式主要是通过参加学年组的集体备课会议进行。

集体备课的保障措施：①确定三项内容：时间、内容、发言人。②确定统一标准：进度统一、内容统一、目标统一、重点难点统一。③氛围要和谐：参与备课者都要各抒己见，认真讨论。④过程要明确：一要剖析好教材及相关材料，厘清教材的思想性、科学性、系统性、新旧知识的联结点及新知识的生长点，吃透教材内涵知识的联系与区别；二要确定所传授知识目标及内容，明确培养哪些能力，把握知识的范围和深度；三要对备课内容进行详细的记录。

2. 静态备课与动态备课

（1）静态备课。静态备课是指认真研究学科教材和教学大纲以及考试说明等材料，厘清整体教学任务。在整体把握教材的基础上，明确每节课的教学内容，即知识目标，同时确定重点和难点。在备课的过程中对知识点和技能点等仔细剖析，反复斟酌，厘清思路，摸索办法。

静态备课最主要的是要把握好教材的知识目标。要把教材中所要求掌握的知识整理清晰，厘清脉络，区分类别，同时，根据需要做出适当的知识扩充和延展。如我们讲定语从句时，就要把定语从句的相关知识整理好：定语从句的定义；定语从句的引导词的基本确定思路；特殊情况下定语从句引导词的运用；定语从句引导词和名词性从句引导词的区别等。

（2）动态备课。动态备课是指在明确知识目标的基础上，研究有效的教学方法和学习方法，充分了解学生的学习兴趣、学习习惯、学习态度和个性特点。把握好学生接受新知识的动态过程，避免盲目性和随意性。

动态备课最主要的是要把握好教与学的动态要素。每一节课都应该有着自己特有的任务和要实现的目标，教师必须要对自己的教学目标有清晰的认识。要对"教什么"和"怎样教"进行规划。

动态备课的另一个角度是过去主要备知识，因为过去的教学是以传授知识技能为主，教师们是带着知识走向学生，所以备课主要是备静态的知识。而新课改下的教学是以促进学生的终身发展为目标，教师们是陪着学生走向知识的，备课主要就是备动态的学生。此外，新课改中备课本身就是一种研究活动，因为每一个新课程教学方案的设计就是对旧教学方案的创新和改革。研究型备课有四性：开放性、互动性、反思性、创造性。开放性指备课内容；互动性指备课方法；反思性指备课过程；创造性指教学设计。过去静态的文字教案不断地向文字与思维相结合的动态的教案转变。

（四）备课的流程安排

备课既是对新知识进行梳理、加工、补充的过程，也是对知识传授的各个环节进行研究、分析、合理安排的过程，更是对教学过程和教学效果进行预设的过程。所以，备课的每一个环节都要进行精心设计、巧妙安排。

1. 备导语

导语是一节课的引子，既是新知识的引入阶段，也是课堂氛围和学习气氛的引入阶段，导语运用得好坏，对于一节课起着至关重要的作用，因此备课的时候备好导语尤为重要。好的导语要具备目的性和计划性强，激励性和趣味性高，简练性明显，新奇性和灵活度大等特点。

目的性强表现为重点、难点突出，段落清楚，层层紧扣，上下衔接，任务明确，克服随意性和盲目性。在符合总的教学目标的前提下，体现教学意图，注意教材的特点和学生的实际。教师在备课时，对课堂导语要精心策划，表现在课堂导语言语的先后、讲述的缓急、语气的轻重、行态语言的配合、板书的布局等，都要做到充分、周密。

好的课堂导语就是要如同投石击水，激起学生思维的涟漪，要具有极强的激励性，导入时的举手投足、一词一句都应具有激励性，能激活学生的思维，引发他们强烈的参与意识，调动学生的兴趣，引导他们在愉悦中进入学习。

课堂导语应具有一定的灵活性，在课堂教学这一双边活动中，常有一些突发事件发生，会让原先设计好的导语无法顺利实现，这时，教师就必须要采取相应的应变措施，临时变通。

总而言之，教师在备课过程中，设计出导语，做到以"情""奇""疑""趣"入境，从上课一开始就吸引住学生，从而达到思维定向、内容定旨、情感定调的作用。使学生耳目一新，趣味盎然。有备而战，师生能够配合默契，为实现理想的教学效果做好铺垫。

2. 备新授课内容

上好一节英语课，对于英语教师并不难，难的是如何上好每一节英语课，使学生能够在课堂上最大限度地掌握知识，提高成绩。要做到这一点确实需要教师精心设计，不仅在内容上要仔细斟酌，在激发学生的学习兴趣、学习激情等方面也要认真研究。

第一，备课前要研读课标，比较教材，掌握教材的整体结构，深入了解学生的现状与需求，广泛收集相关资料，合理取舍讲课的内容，只能讲课标上有的学生可能懂的内容，决不能讲课标没有的、学生无法理解的内容。选择确定符合课标，适合学生实际的教学内容和教学方法，纵横渗透，综合整合。

第二，备课要备好五个点，即起点、重点、难点、交点、疑点。所谓起点，就是新知识在原有知识基础上的生长点。备课时起点的设计要适合学生的实际，学生才能学，才肯学。起点过低，学生没兴趣，不愿学；起点过高，学生又听不懂，学不会。重点往往是新知识的起点和主体部分。备课时要突出重点。一节课内，先要在时间上保证重点内容重点讲，要紧紧围绕重点，以重点为中心，加之以知识讲练，加强学生对重点内容的理解，做到心中有重点，讲中出重点，学中会重点。难点即是新知识中大多数学生不易理解和掌握的知识点。难点和重点有时是一致的。备课时要根据教材内容的广度、深度和学生的基础来确定，一定要注重分析，认真研究，抓住关键，突破难点。

3. 德育目标

英语教材的每个模块都围绕一个话题展开，每个话题都是在学习知识的基础上，升华某种情感或某种精神。教师在备课时就应该在厘清语言知识、传授语言技能的同时，更加关注情感态度价值观的取向问题。具体做法有以下几点。

第一，钻研教材，挖掘德育因素，提炼思想精髓。新课标下英语教材的课文内容渗透着丰富的思想教育内容。这些丰富的思想内容能否得到充分利用，主要靠教师深入钻研教材，认真挖掘教材中潜在的德育因素，通过融合、渗透的方法，有目的、有计划、自觉地寓德育于英语语言教学之中，实现语言教学与思想教育相一致的教学目标。

第二，收集相关素材，拓展能反映本话题思想内涵的材料。例如，学习第一册书第二模块时，教师指导学生主要归纳对比几位教师的基本特征和业务素养后，再收集古今中外一些举世闻名的老师的实例，像孔子、孟子，等等，通过学生自己收集和筛选的过程，让学生理解这些优秀的老师之所以备受人们的尊敬和信赖，是因为他们自身的人品和学识为学生树立了良好的榜样，从而让学生形成了尊师重教的良好思想。

第三，力求为创造和谐的德育环境做出准备。英语课堂的德育渗透，首先要为学生创设一个和谐的德育环境，使课堂生活充满爱、尊重与信任，处处呈现出诚实、宽容、自律、助人、同情心、合作、勇气等价值追求。教师应该把静态的书本知识转变为学生能自行解决多变的实际生活中道德问题的能力。

第四，力求为教学过程的德育渗透精心准备。这种渗透要适宜、适时、适度。在英语教材中，有着一些我们进行德育的好素材。可以通过这些教材，找准切入点，联系现实生活中的人和事，潜移默化地对学生进行良好品行的养成教育。

渗透德育需要日积月累、潜移默化的影响和感染，水到渠成才能起到积极的促进作用。任何形式的勉强，都有可能产生消极效应，使学生反感。因此，教师要做个"有心人"，关注学生发展过程中的每个细节，找准机会、适时教育。让学生自然而然地产生情感体验，从而内化为自己的道德意识。

4．课堂巩固练习

课堂巩固练习是对课堂教学效果的进一步巩固和加强的有效手段与途径。学生掌握新知识后，教师设计具有针对性的巩固练习和知识检测内容，对于提高学生对知识的运用能力有着积极的促进作用。所以，在备课的时候，科学、合理地设计好巩固练习是有必要的，它是授课环节中重要的组成部分。

5．作业的布置

作业是学生在一节课的学习之后，对课堂所学的知识进一步巩固提高的过程，因此，具有针对性的课外作业，是学生升华知识、提高能力的有效手段和办法。教师在备课的时候，不能忽视这一环节，要进行精心设计。

（五）备课的常用方法

1．分层教学法

分层教学法是从科学学科（science subjects）教学法中迁移过来的，是在学生的智力、体力、文化基础、学习动机、情感、毅力、学习环境及条件都不一样的情况下（同一个班级、同一个教师的指导下，每个人的收获也是不一样的），教师有针对性地实施分层教学，从而达到不同层次教学目标的一种教学方法。分层备课是实施分层教学的前提。教师要在清晰理解大纲和教材的基础上，确定不同层次的教学目标。教师在备课的时候，把握好哪些知识是基础知识，是 A 组学生应该掌握的，哪些属于较高要求的知识，是 B、C 组学生应该掌握的，然后，再设计教学的全过程。其中，要特别关注学习困难学生的问题和有特长学生的潜能发展。

备课的时候不但要把授课过程分层，还要把辅导和作业分层，根据学生的实际情况，规定出不同层次的要求，给予不同层次的辅导，按不同层次进行作业设计，以实现课堂中的教学、学习、发展同步和协调进行为宗旨，力求各层次的学生都能得到最佳的发展，从而全面提高学生的综合素质。

2. 张思中外语教学法

特级教师张思中，根据"心理优势理论"，创造了"适当集中、反复循环、阅读原著、因材施教"的十六字外语教学法，即"张思中外语教学法"，这种教学法用一段话来表示在一定条件下，集中时间，运用相对集中的材料，对学生进行有着一定难度的听、读、说、写技能训练，科学地反复、循环强化，以较少的时间获取较大的效益，使各层次的学生各有所得，对所要达到的目标都能产生成功的渴望，获得成功的体验，增强成功的把握，建立心理上的优势。十六字外语教学法中，"适当集中"是关键，"反复循环"是保证，"阅读原著"是目的，"因材施教"是核心。因此，在备课的时候，就需要收集和整理大量的素材，准备大量的资料并进行详细的分类别、分层次。

具体操作过程如下。

（1）适当集中。第一，单词集中。将本模块单词及和本模块话题相关的单词集中在一起，确定不同的分类原则，如按词性分类、按事物类别分类、按事件发生过程的先后顺序分类、按词根变化规则分类等，确定分类原则，然后集中识记。第二，短语集中。归纳本模块的短语，用联想记忆法，将新短语以及和新短语相关联的短语进行相应的延伸和拓展。第三，语法集中。某一模块讲完之后，将其中出现的语法现象进行归纳、总结，找出规律，集中练习。

（2）反复循环。学过的知识要反复重现、再认，要及时同遗忘作斗争，强化记忆，循环操练，不断强化。

（3）阅读原著。阅读原著就是尽量多读外文的文字材料、文章和教材等，不断丰富和扩大自己的知识面。

（4）因材施教。学生的知识基础、学习能力、个性特征、心理品质都各不相同，在备课的时候就要从学生的实际出发进行准备。

（六）备课呈现的形式

备课呈现的形式主要包括文字叙述式、表格式、图文相间式、音频播放式。形式应当为内容服务，形式只是一种手段或是途径，而不是最终的结果。教学是一种非常复杂的活动过程，没有哪一种备课形式能适合所有的课堂教学，备课的关键是思想和方法，而恰当的备课形式对教学是有着积极影响的。英语备课形式多种多样，这里针对普通高中学生的英语基础列举出一些形式，仅供参考和借鉴。

（1）文字叙述式。文字叙述式一般由教学内容、教学目标、教学重点、教学难点、教学准备、教学过程、板书设计、课后反思等构成。其中教学过程是核心，最常见的模式：复习—新授—巩固，这种模式的授课过程和备课过程都是比较简洁，方便，对于基础不好的学生，这种方式备出的课程学生容易接受，但主要强调教师的作用，不是很有利于学生的主体性作用的发挥，缺乏对知识技能以外的目标的关注。

（2）表格式。表格备课的方式，其特点是简洁清晰、层次分明。表格备课的具体样式是多种多样的。

（3）图文相间式。普通高中英语教师经常运用语言叙述式进行备课，同时，为了把有些问题更清晰化，文字表述所设计的教学流程中，还要加些必要的对比图示、图表等，以使备课内容更加丰富、具体，凸显重点问题和难点问题。

（4）音频播放式。在有些课程的备课中要准备音频材料或视频材料，如阅读课、听力课、研究性学习课程等。在授课或展示教学成果的时候都要应用到音频或视频内容，所以教师在备课的时候就要收集、整理相关的素材，进行必要的剪辑、录制等，选取有用的部分，为能有良好的教学效果发挥积极的促进作用。

二、高中英语课堂教学过程——授课

授课每个环节有每个环节的技巧和策略，作为一个普通高中的英语教师，如果把每一节课授课过程中的每个环节都研究到位，真正做到思路清晰，重点明确，方法科学，势必会产生显著的教学效果。

按照英语课堂教学的特点和学生学习的特点，我们把英语课堂教学按照七个环节来设计，即 Warm up（热身），Revision（复习），Presentation（呈现），Drills（操练），Consol-idation（巩固），（结尾）Homework（作业）。

（一）热身

课前几分钟，教师要在较短的时间里调动起学生的积极性，吸引其注意力，使其思维进入兴奋的状态，迅速投入学习上来，是一节课教学效果成功与否的关键。因此课前的warm up 是课堂教学的重要前奏。教师应该选择丰富多彩的形式调动学生学习的积极性、主动性，使学生心情愉悦，轻松自然地进入学习状态。这样，不仅能够调节课堂气氛，为传授新知识做好铺垫，而且，通过经常坚持课前的各种技能训练，还能培养学生的各种能力，极大地增强他们的自信，提高学生各方面的素质。

根据授课类型、授课内容、学情、师情等各不相同，英语课堂上所采用的热身形式也不尽相同，作为一个普通高中，经常采用的方式有以下几个方面。

（1）课前三分钟自编对话。学生自由选择搭档，自由选择话题，最好和新授课有某些方面的联系，进行课前对话表演练习，每组时间限定在半分钟左右，每天外语课前至少四组或五组。每天坚持课前练习，学生不仅能够巩固语言知识，而且还能培养说话能力。

（2）课前三分钟单词速记抢答。每学完一个模块，在第二天的课前，教师都利用课前三分钟进行熟记单词抢答训练，学生利用头一天课上学习单词时间速记单词，课后利用课间或自己的其余空档时间，反复熟记单词。在第二天的课前，教师采用两个不按顺序法，让学生迅速反应所记忆单词。所谓两个不按顺序：一是不按单词排列顺序；二是不按学生座位顺序，也就是完全打破原有定式排序。如此训练方式，学生只有在单词记得特别熟的情况下，才能应付自如。这样的方式，不但会让学生的注意力高度集中，而且，能充分调动起学生学习的积极性，能以积极的心态和热情投入新知识的学习当中。

（3）课前值日生报告（duty report）。每节课前都有一名值日生用英语作"duty report"。学生在自己所掌握的词汇范围内，选择自己感兴趣的话题向全班同学及教师作报告。所报告的内容涉及诸多方面，包括"My favorite season""My hobbies""My school"，等等。它既可以营造浓厚的英语学习氛围，激发学生的学习热情，起到课前"热身"的作用，又能提高学生的语言表达能力，有效地培养他们的创新意识。

（二）复习

课前复习是所有课堂教学中不可忽视的重要环节，英语课堂教学尤其如此。复习是通过再现原有知识，使其得到巩固和提高，并在此基础上，有效过渡，引出新知的过程。课前复习应避免的问题主要包括：①简单一对一提问；②所有学生千篇一律，忽视学生的个性差异；③只注重口头回答问题，忽视听和写的训练；④对语言的交际功能关注不够；⑤过分关注知识本身，忽视思维培养；⑥忽视能力培养和德育渗透。

课前复习的策略主要有以下方面。

（1）设计形式多样的复习方法，激发学生的学习兴趣，如实践法、故事表演法、对比法、引导发现法、竞赛法、过程叙述法、归纳总结法、知识迁移法等。

（2）学生个性差异，设计有效分层复习。关注每一位学生的发展是新课程的核心理念，在课堂教学特别是课前复习时要根据学生的个体差异，针对不同层次的学生采取不同的复习方式，提出不同的要求，实施不同的复习内容，使得课前复习更具有针对性和实效性。

（3）巩固语言基础知识，培养学生思维能力。学生思维培养贯穿于教学过程的各个环节，课前复习也不例外。良好的思维习惯是学生高效学习的重要因素，也是教师高效教学的重要前提。因此在课前复习的过程中，在巩固基础知识的同时，更应该注重思维的培养和训练。

①缜密性。外语教学的每个环节都要求思维的严谨。分析句子时要能够把句子本身已知条件和备选条件在短时间内建立起相应的联系，联系的瞬间要求对于每一个关键词或关键短语都要综合考虑，漏掉一个条件或关键词都会导致思维偏差，影响对内容的理解和对所选项目的错误判断，以致误选答案。

②敏锐性。在外语课堂的每个环节上学生都要保持思维的快速敏捷，应该能在最短的时间内提取出解题的最关键的信息，并能迅速将相关信息建立起有效联系。

③广阔性。思维的广阔性是指在处理问题的过程中，能够随时抓住问题的广阔范围，进行创造性的思考，但又不忽略与问题有关的一切重要细节。思维的广阔性与人已有的知识经验的丰富与否密切相关。例如，在训练阅读理解题的时候，学生思维的广泛性是最重要的因素，如果学生对文章素材本身的文化背景知识一无所知，思维空间中没有任何相关知识储备，那么对很多问题的理解就拓展不开，难以进行逻辑推理和有效整合。所以，在课前复习过程中，要经常设计一些文化背景知识填充的内容，帮助学生丰富知识，拓展思维。例如，经常搜集一些短小的文章，内容涉及社会生活的各个方面——人物传记、时政、经济、文化、习俗、艺术、体育等各方面的知识。

④深刻性。思维的深刻性就是指善于钻研问题，善于揭示事物现象的本质及现象间的内在联系。善于从简单的、普遍的、人们所熟知的现象中看出一切有关自然和社会生活的重要规律来，便是思维的深刻性的表现。例如，在课前复习中，结合所授新课内容设计一些小文章，让学生能够在表层理解的基础上，挖掘其思想内涵，提升其精神高度。

⑤灵活性。思维的灵活性是指根据事物的变化，运用已有的经验，灵活地进行思维，及时地改变原来拟订的方案，而不是局限于过时或不妥的假设之中，真正做到"因地制宜""量体裁衣"来体现思维的灵活性。在讲解完有关知识点后，在第二天新授课前，利用三五分钟训练一个或两个比较有灵活性的习题，达到培养学生思维灵活性的目的。

⑥逻辑性。思维的逻辑性是指善于在思考问题时遵循逻辑规律。具体表现为：提出和回答问题时明确而不含糊。推理时合乎逻辑规律，遵循一定的逻辑顺序，有充分的说服力，结论准确、鲜明。

⑦发散性。发散思维是一种重要的创造性思维、具有流畅性、变通性和独创性等特点，这种思维方式往往能够充分发挥人的想象力，突破原有的知识圈，并通过知识、观念的重新组合，寻找更新更多的设想、答案或方法。发散思维是不依常规，寻求变异，对给出的材料、信息从不同角度，向不同方向，用不同方法分析和解决问题。一题多解的训练是培养学生发散思维的一个好方法。它可以通过纵横发散，使知识串联、综合沟通，达到举一反三的效果。

（4）关注语言交际功能，提高语言交际能力。学生的英语口语表达能力是综合语言运用能力的重要体现。为了促进学生口语表达能力的提高，真正落实英语教学中的交际功能，采用英语课前复习时的一分钟对话（或情景对话），其目的就是尽量让学生能够开口讲英语。但在实际操作过程中，英语语言的交际功能往往被忽略了，出现一些学生片面追求自我展示或过分追求所用词汇的数量，语速太快，没等学生把问题问完或把问题听明白，就忙于按自己的思路表达，忽略了语音、语调、意群和轻重读，结果不能够真正达到语言的交际功能；也有一些学生一直用一些过于简单的句子，无法达到训练的目的；还有一些学生所述内容与本单元、本节课无关，起不到复习作用，等等。

（5）加强听、写训练，重视综合语言运用能力。训练听力有利于全面提高学生的英语交流能力。而单单靠某一段时间进行专项听力训练，忽略平时量的积累是不够的。如果能把课前复习时间利用起来进行听力技能训练不失为一种好的途径和办法。课前复习的时间虽然很短，但经常坚持一定会收到意想不到的效果。教师可以把课前搜集到的，能引起学生兴趣的经典短文展示给学生，然后让学生用自己的话进行复述，或采用学生把自己事先准备好的内容口述给全班学生，并展开必要的讨论等方法训练学生的听力。

训练学生写作技巧的办法林林总总，其中利用课前几分钟进行长期训练应该是不可忽视的一个环节。具体操作的角度也很多，这里就举一例：可以利用课前几分钟时间，将教师收集到的学生在写作方面出现的普遍性、典型性错误，用改错题的形式呈现在小黑板上或实物展台上，让学生进行改正并分析错误原因。其效果比一般的单纯语法训练要好得多。另外，利用课文进行改写、缩写和仿写的训练策略也是课前复习的有效方法。它们是活学活用的笔头练习，既能巩固所学的知识，又能培养利用所学知识进行实际运用的能力。

总而言之，英语课前复习方法很多，英语教师应认真学习新课程标准的理念，根据学生的特点及发展水平，结合自身的教学特色，采取形式多样的课前复习方式，高效率、高水平地完成复习任务。

（三）呈现

英语课堂的知识呈现策略因根据不同的知识内容而各不相同，比如，单词就采用直接呈现或词缀、词性迁移呈现；短语可以采用同义、近义、词根等归纳呈现；语法可以采用基础知识铺垫、系统知识梳理等办法呈现，也可以采用相邻知识间迁移呈现。例如，教师在讲定语从句前要先给学生铺垫好什么是定语，同时帮学生理解句子的各部分成分及划分思路，只有把定语从句相关基础知识理解清楚，才能为更好地学习定语从句提供有利条件。

（四）操练

训练巩固活动是英语教学中关键的一个环节，在整个英语教学过程中起着重要的作用。快速有效地训练巩固设计，能够帮助学生建构知识框架，熟练掌握巩固运用所学知识，提高能力。当前英语教学亟待解决的问题就是如何设计好有效的训练巩固活动。

课堂操练应该具备的特点：①目的性、针对性；②实效性；③反馈矫正性；④激发兴趣性；⑤评价激励性。

（五）巩固

在课堂训练的基础上，教师给学生布置相应内容，让学生根据已学的知识，灵活运用，以检测课堂学习效果，作为对课堂知识的补充和巩固。课堂这一环节中最重要的策略就是要有针对性和实效性。

（六）结尾

课堂结尾是英语课堂教学的最后一个环节，它是英语课堂教学的基本环节之一。每节课的结尾部分在整个教学的过程中起着画龙点睛的作用，也是体现英语课堂教学效果不可或缺的一个环节。教师在授课后，对本节课的知识内容进行必要的归纳、总结、提炼、升华，使学生在本节课学习的基础上，知识更系统、条理更清晰、思路更明确。常用的英语课堂结尾策略有以下几个方面。

（1）归纳总结式。在课堂结束时，教师指导学生对整个一节课的教学内容用精练的语言进行总结归纳，指出本节课的重点、难点、易错点和易考点。引导学生对所学知识加以梳理，在头脑中形成系统和网络。促使学生加深对所学知识的理解和记忆，培养其综合概括能力。教师应尽量让学生自己归纳小结，教师只是做适当地引导补充，这样能充分发挥学生的主体性和积极的参与意识。

（2）集体讨论式。利用讨论法结束英语课堂教学，不失为一种行之有效的好方法。教师根据课堂所教知识内容，多角度多层次地设置一些问题，让学生运用英语进行讨论，有意识地培养学生的发散思维能力。

（3）娱乐愉悦式。在有些英语课堂的结尾可以根据所教授新知识的内容巧妙地设计带有能唤起学生兴趣的结尾，让学生在娱乐愉悦中掌握所学的内容，以达到寓教于乐的目的。具体说就是把课堂中所学的重点内容加以整理，编成诸如歌谣、歌曲等。例如，在讲多个形容词修饰一个中心名词时，学生用一句话就轻松掌握了形容词的先后排序知识，而且，很容易就能够理解和运用。

（4）渗透德育式。一堂课结束后，要引导学生在现有基础上有所提高，有所进步，不仅在知识方面，也包括情感和境界的提高。通过潜移默化的熏陶和感染，使学生树立良好的道德观和人生观。这是英语教学的一个重要方面，也是素质教育的体现。

（5）巧设练习式。新知识教授完后，学生对新知识的掌握情况，教师要通过检验才能确认。英语课堂教学结尾有法，但是无定法。教师一定要因人而异，因文而导，根据每堂课的教学内容、目标和重难点灵活地进行选择，充分发挥自己的特长，使每堂课的教学学生都能得到升华。努力做到每堂课都能使学生带着对英语学习的乐趣和对知识的渴望而结束，这样的课堂一定会收到事半功倍的效果。

（七）作业

作业部分是一节课的最后一个环节，是课堂教学的延续，学生课外作业的质量直接决定学生课内知识的巩固和提高。所以，教师对作业的设计要尽量做到科学、有效。

三、高中英语课堂教学过程——辅导

（一）辅导的重要性

学生的情况各不相同，体现在知识基础、思维能力、学习习惯、性格特征等都有所差异，仅仅依靠课堂教师授课过程是不能让所有的学生都达到理想学习效果的。为此，辅导就显得尤为重要。

（二）辅导的重要策略

1. 课内辅导的策略

（1）选择适合的方式。自主学习的课堂，教师的任务就是根据教材和学生实际选择合适的教学方法，引发学生自主学习的兴趣。学科不同，知识分类不同，选择的辅导方式也不尽相同。科学的辅导方式会促进学生的学习，反之，难以收到理想的效果。另外，示范的具体操作过程是先将一个汉语句子展示出来，指导学生尝试分析句子结构及其各个成分。然后，让学生收集一些句子，同学之间共同为这些句子划分成分，直到都能很准确而熟练地对句子成分掌握得游刃有余为止。然后指导学生自己把母语的这种知识进行有效迁移。此时学生豁然开朗，因为定语从句的难点就在于引导词的运用上，引导词的确定是由它在从句中所做的句子成分决定的，在这个基础上，再把英语的知识运用其中，就会得心应手。最后再进行查补缺漏，整个过程教师就是把备课中所准备的材料，结合课堂上的一个个环节，随着课堂一步步的进行，通过指导和引领学生来思考、分析、领会、理解、消化、吸收。

（2）激发学生的热情。自主学习的课堂应该使学生心灵放松，故而教师要为学生创造一个心灵放松的空间。让学生知识的获得、能力的发展、情感的升华、个性的张扬尽可能地融于精神活动之中。

（3）创设宽松的环境。课上辅导要最大可能地创设让学生参与到自主学习中来的氛围与情境，激发学生对学习内容的好奇心，使他们积极地参与到学习的过程中，并且完成任务后能得到及时的反馈，能看到成功的机会，体会到这样做的意义。学生只有在情绪、自然心境放松的情况下，才能进行有效地学习。

（4）调控高效的课堂。课堂内辅导学生进行自主学习，教师的有效调控是很重要的。自主学习中学生是学习的主体。课堂上学生能够自动、自控地学习的时间是规定的，老师要把握"自主"与"自流""开放"与"放任"的界限，有效地进行调控。教师应该指导学生明确学习目标，在达成目标的过程中，按照一定的规律有序进行，还要注意灵活运用，需要教师45分钟全程调控，充分发挥教师的主导作用。

2. 课外辅导的策略

针对不同的授课内容，结合学生的英语学习实际，在备课的时候，选择有效的辅导策略，才能收到良好的课堂教学辅助和完善的效果。

（1）从学生实际出发，做到有的放矢。普通高中学生的知识基础参差不齐，针对这种现状，把课外辅导分为以下层次。

第一，部分孩子从小接受的英语知识较少。因此，不但在授课过程中要考虑，在课外辅导中更要特别注意，要选择这样基础的孩子能接受的语言和方式，甚至连辅导的内容都要用心琢磨，反复推敲，怎么样既能联系目前刚讲授的新知识，又能和他们已有的基础进行有效衔接。

第二，学习基础相对好点的学生，对他们进行课外辅导时，主要是从拓展知识，延伸课堂内容出发，备课的时候，为这些孩子准备的课外辅导材料，要考虑到他们是否能实现知识的延展、能力的提高。

第三，在平时的英语教学过程中，对于学习方法的问题，除了在课堂授课过程中不断渗透，在课外辅导的时候也尤为重视，阶段性就某个知识专题的学法有针对性地归纳、提炼，如单词归纳记忆法、从句对比区分法、特殊知识口诀记忆法等。

第四，课外活动及社会实践等的辅导，备课的时候，主要是从学生已有的知识结构和学生的个性特点考虑，如学生的兴趣、爱好、特长等诸多方面。

（2）从良好环境出发，创造有利条件。教师在备课的时候还要考虑结合课堂所授知识，学生在课外学习的时候需要收集或查找哪些相关资料，或者还需要和哪些部门接触，和哪些人交流才能实现学习目标的达成，为学生自主学习当好参谋，做到科学指导。必要时，教师要及时取得家长、社区及相关部门的支持，开放图书馆、博物馆、科技馆等。课外自主学习的辅导，要求我们老师对学习的方法有具体的指导，要做到目标明确，过程设计合理。否则，学生就会无的放矢，盲从无效。例如，学生到电影院看英文电影，到图书馆查看有关英文资料或到英语角交流等都需要教师做必要的指导。

（3）从生活实际出发，联系社会现实。辅导学生进行课外自主学习，要与生活实际紧密联系起来，让生活体验也能成为课程的一个组成部分，如讲"Senior 1，Book 1，Module 5"这一模块后，就指导学生进入理化生实验室，分别做实验，整个实验过程完全用英文表述；讲"My New Teachers"一课后，指导学生课下进行口语练习，练习内容围绕"你最喜欢的老师应该有怎样的特点"。

（4）从开阔视野出发，拓展课外知识。辅导学生课外学习，以教材内容为主，相对向外扩散，拓展教材的空间，鼓励学生进图书馆、上网络查找资料，教师在备课的过程中，也要考虑，并设计好指导学生在课下通过自主过程应该扩充的相关知识和应该培养的能力。

四、英语课堂教学过程——评价

新课程下的课堂教学评价不仅要有利于促进教师教学行为的分析与反思，还要有利于关注学生学习过程中的情感体验，高中英语课堂的教学评价也不例外。理想的课堂教学评价应该实现既有总结性评价；又有过程性评价，既有主体评价，又有客体评价，既有定量评价，又有定性评价等完善的评价体系。

（一）课堂激励性评价

英语课堂教学中，师生处于平等地位，学生是课堂学习的主体，教师是课堂活动的主导，是学生学习的引领者。教学的过程中，教师的课程内容设置、教学语言使用、教学方法的选择等各个方面都要从帮助和激励学生的角度出发，充分调动学生学习的积极性和主动性，运用探究式和启发式教学方式，激励学生积极参与课堂教学各个环节的活动，并能将所学语言知识运用于各个交际语境。例如，"Book 3，Module 3 The Violence of Nature"，激励性课堂教学环节设置，具体如下。

第一步，课前三分钟，学生充分讨论世界各地的自然灾害，以及自然灾害带给人类的损失。通过师生互评，锻炼学生的语言运用能力、提高学生的思维能力以及信息提取能力。学生新知的获得是在已有知识的基础上构建的，教学效果的优化来源于主体思维的最佳状态。

第二步，在学生热烈的讨论中，教师进行适时引领，创设语境（比如，把事先搜集好的有关世界自然灾害的信息资料及相关的文本资源展示出来），让学生自然而然地进入对新课程内容的文本解读和探究。学生能在教师不断的激励下获取知识、提升情感、培养能力。

第三步，在教师的进一步引领下，学生分组讨论以下问题：①造成自然灾害的原因有哪些？②作为一名中学生，能为保护环境做哪些有益的事情？学生在讨论、交流中，锻炼了运用语言进行交际的能力，更使自己的情感得到升华。

（二）课堂赞赏性评价

教师在课堂授课的过程中，对学生表现出来的点滴进步和成绩都要给予及时的认可和赞扬，并且帮助他们找到自己身上的闪光点和长处，这样做不仅能培养学生的兴趣，还可以培养他们的自信心和坚强的意志品质。教师对学生的赞赏能充分调动学生学习的积极性和主动性。教师要努力把课堂中对学生的学习评价过程梳理成教师不断寻找每个学生身上闪光点的过程，即赞赏每个学生的个性，赞赏每个学生的点滴进步，使学生能够在教师的赞赏性评价中获得信心。教师对学生的赞赏应该是丰富的，既有口头的，也有书面的，常用的口头评价语，如 "well done! Good job! Excellent! Wonderful!" 等等。另外，教师还可以在学生的作业中或学生的试卷上写上一些激励的话语，这些对学生都是无声的激励，都会产生强大的驱动力，激发起学生学习的热情。

教师对学生的评价应该以人为本，尊重和体现个体差异。要充分理解并促进学生全面发展，既不是下个精确的结论，也不是给学生一个等级分数并与他人做比较，而是更多地体现出对学生的关心和关注。

（三）幽默性语言评价

幽默作为一种课堂语言艺术，不仅能使人产生愉快感，还能给人以智慧的启迪，学生在意犹未尽的同时，对教师讲解的知识产生强烈的求知欲。因此，幽默的语言是语言评价的重要策略。对于学生在课堂上出现的与课堂教学不合时宜的行为，教师不一定非要义正词严地批评教育，可以采用一些含蓄的、委婉的手法进行评价，使学生在笑声中受到教育。这样教师不但没有耽误上课时间，反而更引发了学生对他的尊敬，并由此产生愉快的心理暗示以及对学习的热爱。

（四）循序渐进性评价

教学过程本身就是一个动态生成的过程，在这一过程中，意外的情况经常会发生，英语课堂教学尤其如此。学生口语表达水平、学生语言丰富情况、学生语言背景知识储备、学生听说读写能力等都会在课堂教学中不断地反映出来，教师如果能在课堂教学生成的过程中，时时关注，巧妙捕捉，及时评价，教师和学生都将会收获到不曾预料的精彩，教师的教学效果及学生的学习效果往往会有意想不到的收获。英语课堂教学中，教师对学生的评价，要以激励性评价为主，要善于发现学生身上的闪光点，并及时肯定和表扬，让学生感觉到这种评价是实事求是的，是教师发自内心的，师生间在评价中交流，在交流中学习，在学习中提高，最终实现评价的平等、科学。

第二节　高中英语课堂教学结构与技能

一、英语课堂教学结构

英语知识从结构上来划分可分为：单词、短语、句式、语法。单词是语言的基本单位，如果没有单词的积累，就无从谈起语言的其他层面。短语是单词的进一步扩展和完善，有了单词和短语的前提，才能根据一定的句式结构，组合出句子，进而构成文章，表达语意。

（一）单词教学结构

1. 语音

（1）英语单词的发音和拼写之间有一定的内在联系，二者之间是有一定规律可循的，词类变化、单复数变形、语速等各个方面都会受到读音的直接影响。英语教学中尤其不能忽视语音教学。首先，在学习新单词的时候，要让学生反复习读，教师及时正音；其次，对有些实词和特殊虚词，教师在授课的时候要尽量把词汇富于语义的理解，避免学生机械地死记硬背，以致不能形成长期记忆；最后，语音教学中，要重视语音语调。高中英语交际教学要求学生能够结合任务、情境、场合、文化等各方面的因素理解语音、语调、节奏、重音等各种变化，还要根据这些理解隐含的意图和态度以及更为丰富的语言内容。因此，高中的语音教学应该更生动、更丰富、更深刻、更接近生活。

（2）保证每天 20~30 分钟的语音练习。

（3）教师自己的语音基本功一定要过硬。教师在授课过程中的语音、语调对学生是一种潜移默化的影响。如果教师的语音、语调标准地道，不知不觉中学生就会模仿，长此以往，就会收到意想不到的效果。

2. 构词法

英语单词的构词法主要有三种：第一，转化法是由一个词类转化为另一个词类；第二，派生法是通过加前缀后缀生成另一个词；第三，合成法是由两个或更多词合成一个词。此外，还有截短法、混合法、缩写法等。构词法是理解、记忆、使用单词的基本前提，是扩大词汇量的捷径。学生掌握构词法知识后，对于词汇的积累和记忆，有着极大的帮助。

3. 单词的分类

高中英语单词应该分类区别对待。大约 1000 多个高频词汇，既要求能够口头运用，也要求能够笔头运用，学习目标要求看得懂、听得明白、写得地道、说得清楚，实现听、说、读、写"四会"能力达成。还有一部分单词要求达到能口头运用的程度，高中生的全部单词掌握量要达到 3000 多个，一部分只要看得明白即可。因此，在教师教学前要先将其分类，然后再就不同的教学目标运用不同的教学策略，实现最终的教学效果。

4. 单词的记忆

单词的记忆方式因人而异、因学生基础而异、因要掌握的新词难易程度而异。常用的单词记忆方法有：词缀记忆、阅读记忆、类比记忆、兴趣记忆、重复记忆、联想记忆、组块记忆、语境记忆，等等。教师无论在课上单词教授过程中，还是在课下学生识记过程中，都要有针对性地进行指导。

5. 引导学生科学复习

向学生建议用科学的方法进行复习，根据遗忘规律，合理安排时间，有计划地做好定期复习，强化记忆。另外，培养学生利用词典进行自学的能力也很重要。教师要教会学生使用工具书，养成自主学习的能力和习惯。学生查找单词的过程也是对知识进行筛选和理解的过程，学生查词的时候，并不是只查单词的拼写和读音，主要是关注词汇的用法，如名词的可数和不可数、动词的及物和不及物、动词与副词或介词的搭配以及某些词语的固定搭配，等等。

6. 词汇的掌握

许多语言专家发现，在英语阅读理解过程中，对理解程度影响最大的因素就是阅读者掌握的词汇量。一般性的阅读理解必须掌握 3000 ~ 5000 个单词，这样的词汇量可以涵盖任何语言材料的 90%～95% 的单词。达不到这样的词汇量，就无从谈起阅读技巧和阅读策略。我们把这个词汇量作为阅读的突破点，词汇量越大，阅读理解力就越强；反之，阅读理解量越多，词汇积累量也就越大。教师应该指导学生进行大量阅读，因为阅读是比任何一种明确的教学方式更有效的扩大词汇量的方法，而脱离语言材料的单纯的词汇教学是很难使学生的词汇量有巨大增加的，阅读是学习词汇的一种非常有效的方法。

（二）短语与句式教学结构

最常用的学英语的方法是背单词，甚至有人以能背出一本词典为荣，但是词典上的解释是死的，语言的运用却是活的，因此词典不是最重要的，关键是在于语境。可见，单词没有多少实际运用的价值，机械记忆的单词量再大，也不会真正提高英语水平。要养成背诵句子的好习惯，因为句子中既包含了发音规则，又有语法内容，还能表明某个词在具体语言环境中的特定含义。

任何一种语言都有一部分内容具有约定俗成的特点，英语这门语言也不例外。英语学习中，词汇记忆之后，就是对一些固定短语和句式的记忆与理解过程，这一过程和积累单词的过程一样重要，没有了这一过程，对语言的理解也很难实现。在英语教学的课前、课中、课后，教师都应该考虑教学策略的实效性。

1. 短语与句式的"五多"学习策略

所谓的"五多"是指：多"听"、多"说"、多"读"、多"写"、多"记"。

（1）多"听"。多"听"就是经常用自己的耳朵去感受英语这门语言中的词汇、短语、句式等的音、意。例如，可以经常听录音磁带，对其语音语调进行反复的模仿；可以多看看英文版电影或听听英文歌曲，感受英语语言国家的语言表达习惯；可以大胆地参与到别人用英语交流的氛围里，多听听各种各样人的发音；可以"听读"，边听边读，及时感受和体会所听到的词汇的音义。

（2）多"说"。多"说"就是教师指导学生多创设英语交流的情境，如学生间的交流、师生间的交流、朋友间的交流，也可以自己为自己创设交流的语境，进行模拟演练，如走进餐厅设计自己和服务员的对话，走进学校、班级设计自己和同学间或和教师间某个场景对话，在家里随时可以设计生活场景对话。

（3）多"读"。"读"的内容可以是教材，是课外读物，也可以是积累的短语句式集锦。"读"的方式可以是"默读"，也可以是"朗读"。二者都是学习语言必不可少的途径。每天保证一定时间进行阅读练习将会提高阅读速度及掌握词汇、短语、句式有很大的好处。阅读教材可以用精读的策略，对教材进行整体理解后，整理文章中的重点词汇、短语、句式，并及时巩固、记忆，也可以对其中一部分知识进行必要的延伸和拓展。课外读物大多采用泛读或略读的方式，能做到理解大意，领会主旨即可，对文中典型短语、句式进行积累、记忆。教师也可以经常和学生一起收集整理一些现行范围内应该掌握的短语、句式，集中阅读并记忆，必要的时候，也可以以试卷的形式检测一下。

（4）多"写"。有的同学总是抱怨时间紧，根本没时间写作文。其实"写"的形式很多，不一定只有写作文才能提高写作能力。比如，写下一天中发生的一些重要的事情，或当天学的某一个词组，可以创设出一个语境恰如其分地用上这个词或词组、句式。这样既可以记住这个词的用法，又可以锻炼写作能力。

（5）多"记"。学英语离不开记忆过程，任何一种语言的学习记忆都是首要条件，离开了对语言词汇、短语等的记忆，就无从谈起语言的有效学习。记忆分为有意记忆和无意记忆。有意记忆是指带着明确的目的，对明确内容进行有意识的识记过程。比如，教材中出现的重点词汇、短语、句式，要集中精力有意识地反复循环记忆，可以结合教材内容进行必要的整理、归类、对比记忆，还可以在网络或报刊中收集一些资料，整理给学生。

2. 引导学生将记忆英语单词、短语与句式

我们如果用整块的时间记忆单词、短语、句式等，不但枯燥乏味，而且达不到理想的记忆效果。如果把这些内容分门别类地化为知识板块，利用每天的边角料时间分散记忆，不但可以减少枯燥，还可以让学生实现少而精的记忆效果。例如，每天睡前十分钟把当天记的单词梳理一遍，进一步加强巩固一下，再把第二天的内容整理出来。每天早上起床后把前一天整理的内容进行记忆。吃饭后，小憩的时间再重复一遍。中午午睡前再复习一遍，个别难记的内容，利用课间反复多次记忆，晚上回来再梳理。

（三）语法教学结构

语法学习是英语学习的重要组成部分，它能帮助我们把握住英语的基本规律，在单词、短语、句式的基础上掌握必要的语法规律，并能灵活运用，达到有效交流的目的。英语语法也是英语学习的基础，正确的语法观念是自学英语的拐杖，也是提高学生各种语言能力的基础条件之一。对于语法的学习，只要本着实用的原则，与语言的运用结合起来，语法的学习也是富有乐趣的。因而对于语法的学习，教师应该教会学生善于在理解的基础上学习、在学习中归纳语法规则、在错误中总结语法规律、在交际中使用语法监控，等等，使孩子的语言知识与技能融为一体。教师在英语教学的过程中，要注意寻找规律，从而实现语法教学的有效性。

1. 训练语句的结构意识

普通高中的学生之所以成绩不是特别理想，有众多的因素，其中最主要的因素就是基础知识较为薄弱，知识间衔接的术语不清楚，导致新知识的理解不能到位。例如，讲三大从句时，并不是引导词本身听不明白，而是和过去知识衔接的句子成分术语不明白。就说定语从句吧，要想把引导词运用明白，首先，不是引导词的问题难以理解和接受，而是句子成分划分知识欠缺。所以可采用以下步骤。

（1）学生高中入学后的初始阶段，我们先将汉语句子成分的划分作为切入点，进行集

中训练。

（2）学生能熟练掌握后，再把这个知识迁移到英语句子划分中，学生能准确地划分出句子成分后，再接受引导词就轻松多了。

（3）在理解的基础上进行必要的训练、巩固和提高。

2．英语语法归纳

英语单词、短语、句式都要借助一定的语法建构在一起，形成能够完整表达语义的句子或篇章的布局结构。只有这样完整的结构，才能真正清楚地表达出要表达的意义。学好一门语言，字词是语言的基本单位，句式是语言的意群连接，语法是建构起完整句子的根据和准则，因此，学好语法也十分重要。教师在授课的过程中要研究语法的规律和学习语法的策略，尤其是面对基础较为薄弱的学生更是要讲究教授的方式和技巧。其实英语语法的规律性相对较为明显，只要教师善于积累和思考，就能使学生的学习更加简单化、高效化。

"归纳法"应该是一种较为实效性的语法教学方法，"演绎法"也是常用的一种较为可行的方法，如果在平时的语法教学中能把"归纳法"和"演绎法"进行有效的结合，会带来更好的教学效果。除此之外，如果把语法完全孤立在语境之外也是很难产生良好效果的。应该做到尽量在真实的语境中进行完整的语法教学，除了导入、呈现、归纳总结、训练外，更重要的是要确保学生能学以致用。在英语学习过程中，适合高中生的主要语法归纳有以下几个方面。

（1）从句。包括定语从句、状语从句、名词性从句。

（2）非谓语动词。包括现在分词、过去分词、不定式、动名词。

（3）强调句式。包括基本强调句式、对句子谓语动词的强调、If until... 的强调句式、大部分倒装以及一些特殊结构。

（4）虚拟语气。

（5）主谓一致。

（6）省略。

此外，通过简练但系统的归纳，整理出一套适合高中生学习的英语语法学习体系。这样，既能使知识条理清晰，又有利于学生学习掌握，努力实现学生学得轻松、教师教得自如，最终达到教学效果的高效性。

3．习题集的操练

知识的传授过程固然重要，但知识的理解、消化、吸收、掌握、运用的过程更为重要。教师对知识的传授只是一个前提条件，最终的教学效果和学生的学习效果还是由学生对知识是否能够灵活运用来检测的。每一个教学环节都要考虑到这一点，每个知识板块的接受和掌握同样要重视这一点。因此，在知识领会后，要设计有一定针对性的习题进行巩固练习是尤为重要的。

4．英语的设题点拨

英语语法中，通过归纳整理可以把每项专题的知识点系统化、条理化，使专题知识内容脉络清楚明了。有经验的教师能整理出每个知识点的设题点和设题角度，甚至有些知识的设题点是相对稳定的。教师如果能清楚、系统地把每个知识点运用科学的方法使学生接受、理解、掌握，并能达到举一反三、触类旁通的效果，便实现了语法教学的最终目标。

5．教学的趣味性

语法教学中注重教学的趣味性很重要。如果教师一味机械地讲些死的语法规则，而不考虑学生的接受能力和注意力投入情况，也不把语言本身鲜活的生命力注入语言传授的过程中，就会让学生对语法的学习产生枯燥乏味的情绪，从而影响教学效果。反之，如果在语法教学中多涉及一些能让学生感兴趣的话题或有利于语法记忆的趣味性语言，便能够引起学生学习的兴趣，随之产生良好的教学效果。

二、英语课堂教学技能

（一）英语课堂教学的听说技能

培养学生听的能力要坚持经常反复地训练。要从听的基本功开始到听的技巧再到听的训练频率以及听的时间安排等多方面考虑和计划。

1．树立正确观念

学习语言的最终目的是交际，如果既听不明白也表达不出来，只会书面表达的话，这样的语言学习是毫无意义的。因此，在语言学习过程中，首先要解决观念问题，要树立重视听说的观念，自然听说教学也应该是英语教学的核心所在。只有树立正确的观念，才能认真操作实施高中英语教纲中每个单元至少有一节口语课、两节听力课的要求。此外，还应该在学生的边角料时间里合理安排，适当训练。

2．注重单词读音培养

标准的单词读音是训练听说能力的前提条件，没有标准的单词读音作为基础，就无从谈起听说能力的培养。教师在平时的课堂教学以及各项辅导中，都要关注英语单词读音的标准性，并能熟练掌握，同时还要关注各种读音规律，如连读、缩读、爆破音、破擦音等读音。教师可以在课上或课下指导学生把应该掌握的单词反复朗读，直至读准、读熟为止。

3. 培养良好听说习惯

从英语教学的角度而言，向学生提供大量的听说材料以及以听说为主的活动，是扩大学生语言输入的好途径，有助于提高学生听力水平，对培养语感和语言运用能力具有着很重要的作用。因此，养成良好的听说习惯尤为重要。养成良好的英语听说习惯主要从以下几个方面进行分析。

（1）课堂上尽可能多地使用英语教学的习惯。听说能力的培养和提高是目前英语教学的重要目的之一。听是信息输入的过程，说是信息输出的过程，学习语言首先是要有足够的输入量，然后才能输出。通过视、听等手段广泛地获取英语语言信息，然后将这些信息理解和内化，通过长时间的信息输出训练，才有可能形成良好的英语口语交际能力。良好的语言输出能够激发起学生学习英语的兴趣，促使学生主动、积极地进行更为广泛的语言输入。学习发音、学习对话、学习任何形式的讲话都离不开听说。

（2）利用课前几分钟，抓好"热身运动"的习惯。多设计一些让学生有话可说的话题，使他们能够彼此交流、互相倾听，在探讨问题的过程中，实现听说能力的培养和提高。例如，可以进行值日表演、对话、演讲或复述课文，并要求其他同学复述值日生所说的内容。学生通过每天的值日报告，既训练了口语，又提高了听力。

（3）利用边角料时间坚持训练的习惯。指导学生在日常的生活中，养成利用边角料时间练习的习惯，比如，早晨起床穿衣服的时间、洗漱的时间、吃早饭的时间、课间休息的时间、晚上睡前的十几分钟都可以放开录音机、电视机、广播等各种能播放英语材料的设备，一边安排日常生活，一边留心听力材料内容，即使有些内容听得不是很明白，长期坚持也能起到积极的促进作用。日常生活中和学英语的人在一起时，尽量多用英语表达自己的意思，经常坚持就会收到意想不到的效果。

（4）帮助学生养成听英语新闻的习惯。普通高中的学生虽然基础有些薄弱，但是在教师的指导下，进行必要的知识积累后，可以坚持听一些英语新闻，必要的话可以先了解一下新闻的内容，再听英语材料，经常坚持，就会有显著的效果。

4. 储备文化背景知识

如果学生不了解英美国家的社会制度、风土人情、民俗习惯、人们的思维方式及价值观念，就很难听懂听力材料的内容，因为特定的文化会产生独具特色的语言背景。学生要提高英语听力水平，一定要有足够的语言文化储备。通过多读多记，勤于积累，丰富语言文化知识，培养跨文化交际意识。

5. 掌握听说的技巧

教师要注重学生听力技能的培养。若学生熟练地掌握了听力技巧，听力训练就会起到事半功倍的效果。

（1）帮助学生缓解过度紧张的心理。如深呼吸，望外边的风景，可以放一小段轻音乐，让心情平静下来。

（2）培养捕捉瞬间信息的能力。通过训练帮助学生捕捉听力材料中的关键词，及时抓住内容中所涉及的时间、地点、人物、身份、职业或谈话人之间的关系，谈话人的态度，简单的数据等，做到有的放矢地边听边记，并对语境信息进行综合分析，进行适当的编码。

（3）培养预测判断的能力。培养学生在进行听力测试前通过阅读试题所给问题，预测材料大致内容的能力。指导学生把阅读材料拿到手后，要抓住有限的几秒或十几秒钟的时间，快速地浏览分析试卷上的问题，预测和判断对话内容，并能根据不同的语言材料和已知的信息线索预测和判断出所听材料的内涵意义，而有些听力材料所设的问题本身就有"泄密"的嫌疑，要有未听先知的预感，听时就能做到心中有数，重点突出。

（4）培养英语思维能力。促进学生建立英语与客观事物的直接联系，培养学生直接用英语理解、表达思想和传递信息的能力以及学生在真实的自然情景中运用英语的能力。加快培养英语语感和学习英语、想象英语的能力。

总而言之，培养学生的听说技能不是一蹴而就的事情，而是一个循序渐进的过程，教师要在心理、知识、技巧等各个方面进行必要的指导和训练，才能保证学生的听说能力有较大程度的提高。

（二）英语课堂教学的阅读技能

当代阅读认知理论认为阅读是一种从印的或者写的语言符号中取得意义的心理过程。阅读也是一种基本的智力技能，它是由一系列的行为或过程构成的总和。研究阅读理论就是为了揭示阅读过程中读者的思维活动规律和心理活动特点，分析清楚影响阅读的诸因素，从而更有效地指导阅读教学。选择适当的阅读策略，不但能扩大学生的词汇量、丰富学生的语言知识，更有利于学生了解西方英语国家的文化。因此，英语阅读策略是英语教学中值得探究的问题。

1. 激发动机

英语教学实践中，兴趣是学生积极开展英语学习的直接推动力，是学生进取向上的潜在力量。学生英语阅读兴趣的培养是英语阅读教学的关键环节，也是提高学生英语阅读能力的前提和基础。因此，在教学中应有意识、有目的地培养学生对英语阅读的兴趣，使学生在阅读的同时也能得到愉快的情感体验。

2. 氛围感染

感染是每个个体在无压力的情况下，通过语言、动作、表情等方式引起的与别人相同的情绪和行为。感染有情绪感染和行为感染两种，所谓情绪感染就是所有参与者在态度、信念和价值取向等基本相同的情况下，被感染产生的促进个体间的模仿过程。英语阅读教学中注重调动班级群体或阅读群体的积极因素，产生群体阅读动机，自然会带动每个个体的积极的心理阅读指向，反过来，每个个体的积极阅读动机又会促进群体阅读动机的形成，这种相互作用的感染，是培养学生用英语阅读的行之有效的策略。

3. 课文阅读培养

（1）热身巧妙导入。新教材的每个模块阅读课文前都有热身内容，这部分内容既是对本单元知识的一个引领、提示，又是进入阅读课文的一个前期准备和素材收集的过程。巧妙而恰当的导入能使学生在心理上和知识上做好学习的必要准备，激发起学生的兴趣和求知欲，从而自然而然地过渡到新内容的教学中。导入部分要尽量做到新颖别致，简练到位，时间长短安排适度。导入的方式多种多样，比如，可以借助与课文相关的事实材料、故事、歌曲、电影片段、图片、名言等，也可以用提问的方式或热门话题的讨论等形式。不同的教学内容应设计不同的导入技巧，教师应将新内容有机地融合在导入形式中。

（2）泛读领会大意。在学生带着强烈的阅读兴趣和求知欲投入阅读时，教师便可以设计出明确的阅读任务引领学生对课文进行课文浅层阅读。教材中也配有一定量的阅读习题，都可以作为学生泛读的任务目标。让学生带着任务去浏览文章，从阅读材料中迅速找到相关的信息，这种阅读技能是高中教材中规定的要求学生掌握的主要技能。最常采用的泛读方法有略读、快速阅读、查读或扫读。略读主要是让学生通过浏览文章的标题、插图、文章的首段、尾段及各段的主题句或结构句了解文章的基本思想，从整体上把握文章的基本内容。不同类型的文章所采取的泛读方式也不尽相同，并要配以不同的阅读任务。

（3）精读梳理细节。在学生了解了文章大意的基础上，转向以学生为主体的精读、细读，让学生通过仔细阅读来获取文章中的细节信息。在这一步，教师应设计一些表层理解类的问题，如文章明确提及的人物、事件以及事件发生的时间、地点或顺序。设计这些问题在于引导学生熟悉课文的主要内容，促进课堂师生间的互动交流，为深层理解提供了前提条件。例如，在学习必修2，Moduli 的阅读课文时，用表格的形式把三位音乐家的情况做了对比，学生在教师的引领和指导下，精读课文，填上相关内容。这种细节题不宜太难，能把文章的有用信息梳理清楚即可。

在读这篇文章时，就要让学生把全文作为整体仔细阅读，读后教师可结合全文所提及的细节信息让学生来填。设置表格一是可以检测学生把握细节的能力，二是可以清晰地再现文章中的细节内容帮助学生熟悉课文。当然也可以用提问或判断正误的方式来检测学生掌握细节的能力。

（4）深读概括主旨。学生阅读能力的培养需要遵循学生由浅入深、由外而内的认知规律，实现把零散的信息升华概括的能力，把阅读材料的感知输入转化为深层理解的过程，提高学生对语篇整体结构的认识能力，从而达到一个人的概念能力、背景知识能力和加工能力的有机结合，相互作用，不断提高。

（5）讨论升华主题。学生对课文整体把握之后，又全面地了解课文细节，最后，教师设计探究题，让学生通过阅读和课上课下各种形式的讨论探究活动，来升华主题。

总而言之，在英语课文阅读的教学中，只要教师注重课前的巧妙导入，给学生创造出良好的参与条件和参与机会，并在阅读过程中，对阅读方法加以正确引导，让学生带着具体任务进行阅读，指导学生培养概括总结等的阅读技巧，那么，长此以往，学生的阅读理解能力定会得到不断提高。

（三）英语课堂教学的写作技能

任何一种语言的交流主要是通过两种方式来进行的，即口语和书面语。口语通过听、说、读来完成，而写是把语言用文字以有形的形式呈现出来的一种交流方式。口语交际固然重要，但文字表述也不容忽视。高中英语教学中，培养学生的写作能力也是很重要的一个环节，值得广大一线教师进行认真钻研和思考。

1. 树立写作观念

写作是把人们的想法和行动以文字的形式呈现出来的过程，在英语学习的进程中，写作的操作既能帮助学生巩固基础知识，培养他们良好的逻辑思维、概括及分析判断能力，又能够激发学生的想象力，培养他们的创新意识。而这些作用正与高中英语教学力求达到的目标相吻合。

写作是一个用语言进行发现的过程，是一个用语言探索我们的知识、对知识感受的过程，是一个用语言了解我们的世界、评判我们所了解的世界知识及交流我们所了解的世界知识的过程。正因为写作在语言学习过程中的特殊地位，高中英语教学中对于写作能力的培养就越来越重视，高考对写作的重视程度也是很明显的，写作在高考英语试卷中所占的比例很大。

2. 重视思维培养

每种语言都有着其自身长此以往形成的表达习惯和思维特征，若要写出地道的英语文章，就要培养学生用英语思维的习惯。首先，鼓励学生们阅读各种体裁的英语作品，必要时背诵一些经典的英语句子和篇章。在广泛阅读的基础上，仔细体会英语原作的选词、句式以及写作风格，帮助学生为表达出地道的英语做好储备。其次，如果有可能的话，创造机会让学生们多看英文电影，多收听英文电台，学习英文歌曲等。学生们在接受了大量的英语输入之后，就能逐渐养成英语语感，最终实现用英语表达所见、所闻、所思和所想的目标。最后，指导学生尽量多地了解英语语言国家的社会文化、风土人情等语言背景知识。

3. 巩固基础知识

牢固的基础知识是英语写作的大前提。因此，教师应该重点强化词汇、句型和语法知识的教学。因为没有字、词、句式作为基础，学生是写不出好文章来的。在教学中，重视对一些基础知识的积累而进行大量的记忆是必要的，但不能只会死记硬背，却不注意单词、短语、句式的具体用法。表面看起来他们也掌握了比较多的单词、短语、句式，但时间长了就容易忘记或产生相似词之间的混淆，甚至出现错用的现象。所以，教师在讲解基础知识时，应该提供一定的例句，并适当地介绍一些相关的文化背景，以加深学生的记忆。同时，也可以传授学生一些记忆方法，如循环记忆法、联想法等。

4. 培养写作兴趣

兴趣是最好的老师，而带来兴趣的最直接因素就是动机的驱动。学习动机是取得学习效果的直接动力，学生的学习动机与学习效果有着密切的关系。学生的学习动机不是靠强迫就能产生出来的，而是靠教师的积极引导、鼓励、示范等方式激发出来的。要想激发出学生的写作动机，使他们能够积极主动地投入学习，就要帮助他们找到写作的乐趣。首先，确保写作题材多样。写作题材的选取应尽可能地提供给学生感兴趣的话题，只有使学生们感到有话可说，学生们才会投入写作任务中去。其次，在写作教学中要努力营造活跃的课堂气氛，争取做到寓学于乐。使学生们在巧妙设计的任务中，在愉快的心境下，达到提高写作水平的目的。最后，教师还要对学生的进步及时地给予肯定和鼓励。在教学过程中要善于发现学生作品的闪光点，激发学生继续前进的动力。

5. 采用灵活方法

传统的英语写作教学模式和教学方法单一，导致课堂气氛不够活跃，对于学生而言写作过程也显得被动、机械。这就要求教师在教学的过程中要解放思想，善于学习，勇于尝试各种教学方法，以实现最有效的英语写作教学。例如，教师可以把传统的结果法与过程法相结合，再适当地引入体裁法、写长法、自由写作法等。

6. 增强写作练习

教师无论是在课堂上还是在课下，都应该有意识地为培养学生的写作能力打基础，作铺垫，还要经常设计一些写作练习、生活有感或是现实记录。因此，只要学生能抓住机会表达自己的思想、锻炼自己的写作能力就可以。

7. 掌握写作技巧

教师还应重视教授学生们一些基本的写作策略和写作规范，如文体格式、标点符号、字母大小写和移行规则、卷面的整洁、字迹的美观等都是教学过程中训练写作最基本的要求，需要提醒学生们注意。教会学生必要的写作策略，熟用写作技巧，总结为以下几个方面。

（1）审题。审清题目要求，包括文体、题材、字数、人称角度等。

（2）语法。要特别注意句子的完整性，人称、时态和语态等的一致性和行文的连贯性等。

（3）表达。表达方式尽可能多样化。注意词汇的丰富性（恰当地使用连接词，灵活应用过渡词）、句型结构的变化性，鼓励丰富、多样化的语言表达。

（4）文字。书写要细心、工整，标点要准确，避免涂改。

（5）训练。加强写作教学的基本训练和简单句的练习；多做英汉互译的练习，练习改写和仿写；限时模拟写作训练，加强考生临场应变能力。

总而言之，写作是一种综合能力的训练，它应该贯穿于教学活动的全过程。要提高学生的英语写作能力，就要培养学生养成良好的学习习惯。英语书面表达能力的形成不是一日之功，必须要从平时教学中积累，持之以恒，最后才有可能解决英语书面表达的难题，写出准确、地道、规范的英语文章。

第三节　英语课堂教学的教材使用

学习英语的最好方法之一就是融入英语环境中，因此，"教师要善于结合实际教学需要，灵活地和有创造性地使用教材，对教材的内容、编排顺序、教学方法等方面进行适当的取舍或调整，还应该积极地利用其他课程资源"[①]。

在新课程背景下，教师应该转变教材观念，因为即使是最新理念指导编写的教材，如果由理念陈旧的教师来教，也不能或很少能体现其新的理念。教材是我国学校教育的主要的但不是唯一的课程资源，教材是服务于教学的材料和工具。教师不应该只是教材阐述者和传授者，而是要根据学生的需要和教学的实际，灵活地、创造性地研究教的内容和方法。

第一，善于灵活运用教材。教师要根据学生的实际和教学的需要，对教材进行适当的、有科学性的补充和删减，或替换、或扩展教学内容、活动步骤及调整教学顺序等。

第二，善于积累课程资源。新教材以模块为单位，以话题为主线，因此，教师完全可以结合话题进行教学资源的积累。甚至还包括与之相关的学生生活经验和生活阅历调查资料的积累，并进行加工，从而为更加高效地使用教材奠定良好基础。

第三，善于有效整合各学科。教师应该善于以教材为载体，加强各学科整合。语言是文化的载体，是交流的工具。学生学习外语最终是为了达到用语言进行交际以及吸取和处理信息。因此，英语教材具有较强的跨学科的性质。现行教材除了日常交际活动的范畴，还渗透着其他的学科，如思想品德、社会、自然、体育、音乐、医学、历史、地理、人口教育、环境保护、法制教育、信息技术、航天技术、天文气象等。具有学科融合特点的教材可以开阔学生的视野，满足他们求知的欲望，而且能够引导学生面向社会、了解世界、增强国际意识。

第四，善于广泛开发教材。新的课程要求教师要有以教材为基础，开发教材的能力。教师和学生要做教材的主人，而不是教材的奴隶。开发教材，是在教师及学生的实践、反思中进行的。教师应积极激发学生的联想与创新思维，师生互动，共同开发教材，为更好地利用本教材进行有益的探索。

由上可见，教材仅仅是为教师的教学提供了平台，而不是禁锢教师教学和学生学习的枷锁。教师只有从原来的教材观中迈出来，才能充分而合理地研究教材、挖掘教材、利用教材。

---

① 赵杨. 浅谈中学英语教材如何创造性地使用 [J]. 百科论坛电子杂志，2021（13）：1283.

第三章 高中英语课堂的听力教学策略

第一节 高中英语听力训练与能力的联系

一、英语听力训练技巧与能力的提升

（一）提高英语听力能力的方法

听力训练是掌握和提高英语听力能力的主要途径，而相关的技巧又是提高英语听力能力的重要手段。例如，在英语专业听力训练中，要扎实掌握英语语言知识，就必须要有丰富的词汇量做支撑，并正确掌握单词的语音、语调。而丰富的词汇量以及正确的语音、语调则是需要通过一系列的训练方法和手段来实现：利用听写结合的技巧，通过对每一句英语反复试听，并在听的过程中琢磨每一个单词的含义，且辅以笔记记录，以此来加深对单词发音的记忆和对英语语音、语义的把握，通过这种技巧的反复练习，实现对单词的快速反应，进而反应语句的含义，达到提高英语听力能力的目的。

（二）提升英语听力能力的过程

对英语专业的学生而言，英语听力能力的提高是一个重要的过程，而在这个过程当中，技巧是一个非常重要的环节。在听力训练的过程中，不但要多听，还要多说、多写和多读。多听就是要把握住每一次英语听力训练的机会，不仅要在课堂上多听多练，在实际的生活中，也要尽量将自己置身于英语听力的环境中，大胆地参与到英语环境的对话中去，多听、多模仿正确的英语发音；多说就是要勇于表达，说出来才知道自己英语的不足之处，才能为听力的提高提供必要的平台；多写，就是对一些单词，一些句子除了能听懂、能说之外，还能及时流畅地进行记录。记录的训练不仅是加深英语单词、句子记忆的

过程，更是间接提高英语听力的重要途径。写多了以后，单词、句子的储存就多了，听力自然就会提高。对英语专业学生的听力学习而言，读与听的关系更为密切，从实际的英语学习中可以看出，读有两种形式：一种是默读；一种是大声朗读。从提高英语听力的角度来看，朗读的效果更为明显，所以在有机会、有条件的前提下，尽量进行朗读。

提高英语听力能力要在多听、多说、多写和多读的协调推进中进行。而多听、多说、多写和多读本身又存在着很多的技巧，这些技巧如果仅仅是通过教师的说教，效果显然就会大打折扣。因此，专业学生要想掌握这些技巧，只有通过不断地自主学习，才能真正达到效果。

总体而言，英语专业听力训练中技巧的运用的最终目的是要提高学生的英语听力能力，而听力能力的提高则是技巧运用到位的重要体现。例如，在听力训练中如何把握好听和说的关系就是一个非常重要的技巧，如果没能充分掌握这种技巧，认识不到听和说之间相互依存、相互促进的作用，就不能从根本上意识到英语口语的广泛应用是提高学生听力水平的重要技巧，从而步入只注重听的误区，造成英语听与说的割裂。在这种状态下，提高英语听力能力显然是非常困难的，换言之，英语听力能力得不到有效提高和学生未掌握听力训练的技巧有着明显的联系。

二、教师在英语专业听力训练与能力联系中的作用

英语专业听力训练中的技巧与能力的关系表明，掌握有效的听力训练技巧，不仅可以有效地提高学习的效率，而且还能从根本上消除学生对英语专业听力训练的厌烦和恐惧心理，使英语专业听力学习变得轻松。另外，要让学生掌握听力训练中的技巧，教师又起着非常重要的作用，具体如下。

（一）教师的引导作用

教师在英语专业听力训练中的引导作用不仅仅是对英语听力基础知识的引导，更重要的是对听力技能的引导。在教学的过程中，教师需要尽量让学生用英语来表达思想、展开讨论、传递信息，这样不但能够引导学生在听的同时有机会说，做到听和说的有机结合，更能够引导学生尽可能多地融入英语听说的环境中，使听力训练的语境更加丰富。另外，英语理解和记忆，同时扩大知识面，有利于学生对英语听力材料的深层次理解。听力训练的过程中，"耳听"与"眼读"的交叉进行可以让学生的思维、理解和概括能力不断得到锻炼，进而有效地提高其英语听力方面的综合能力。

（二）教师的协助作用

教师在英语专业听力训练中的作用虽然非常重要，但也应该看到，在整个听力训练和学习中，学生才是主体，英语专业听力训练的最终目的是让学生掌握英语听力学习的技巧，提高学生的英语听力水平。所以对教师而言，要在英语专业听力训练中充分发挥好相应的协助作用。从英语专业听力训练来看，它涉及的因素比较多，而这些因素不仅包括英语语言本身，还包括相关的文化、社会知识等各种因素。英语听力的训练和学习离不开对英语文化、政治、经济等情况的熟悉与了解，掌握充分的文化背景知识对提高听力水平关系密切。而相对英语教师而言，可以根据学生英语专业听力训练的具体情况，加强对学生英语听力训练过程不足部分的训练。例如，可以协助学生参与一些加强英语听力练习的活动，为学生营造比较好的听力练习环境，组织学生成立英语角、举办一些英语听力和用英语交流的活动。同时，教师也要鼓励学生多阅读一些英语杂志，拓宽学生的视野和阅读范围，使学生获取更多更广的背景知识并累计更多的英语词汇，为学生更好掌握英语听力的技巧更好掌握和英语听力水平的不断提高打好基础。

总而言之，英语专业听力训练中技巧的掌握对英语专业听力能力的提高起着非常重要的作用，二者关系密切、不可或缺。作为英语专业的学生，要充分认识二者之间的关系，在英语专业听力训练中不但要重视对相关知识的学习，更要重视对相关技巧的掌握，这样在英语专业听力训练中才不会事倍功半，收效甚微。而从英语听力学习的本身来看，由于涉及的范围广、因素多，所以英语专业听力训练中的技巧分布也比较分散，不但会涉及英语的语境、文化背景等一些大的方面，而且涉及英语的词汇量、语言的发音等一些细节。因此，技巧的掌握是一个循序渐进的过程，而在这个过程中，学生除了要充分认识到英语专业听力训练中的技巧与能力的关系，并在不断的听力学习中学会积累和运用技巧之外，教师还要做好必要的引导和协助，为学生英语专业听力训练做好铺垫，为学生充分运用技巧创造条件。

第二节 高中英语听力教学的方法策略

一、树立信心，培养听力意识

（一）信心是提升英语听力的重要因素

教师要适时做好学生的心理疏导工作，帮助学生认清听力学习的重要性，启发学生：英语是一种交际工具，要想较好地与他人沟通、交流信息，必须要先从听学起，只有学生树立起自信心，愿意听、乐意听，并且有目的、有意识地加强听力训练，一定能取得好成绩。教师要对学习过程中学生所取得的任何进步及时给予鼓励和肯定，让每个学生都能养成良好的心理素质，从而在英语听力学习中充满信心。

（二）英语听力中树立信心的重要方式

教师激发学生对英语听力学习的信心，需要根据教学大纲里的具体内容、任务，运用多种多样的方法、手段来激发学生学习英语的信心。在课堂上，教师需尽量采用学生听得懂的语言来进行英语教学，学生可以通过教师的肢体语言和已有表情来理解文本，增强学生学习英语的信心。同时教师也可以选择一些有趣易懂的内容来训练学生，吸引学生的注意力，再进行教学，做对的多表扬，以提升其信心。

教师应在教学中尽可能地创设英语环境，渲染英语气氛，鼓励学生日常生活中经常用英语问候、会谈、交流、互相说听，通过运用使其产生一种成就感，克服他们心理上障碍，激发他们的信心。教师还可举办"英语角""讲英语故事""给故事配音"，组织观看英语影片等丰富多彩的课外活动，营造良好的听音环境，培养听音意识，从而提高学生的听力，增强其学习的信心。

另外，让学生带着问题去听，带着悬念去听，增强学生听的兴趣。例如，在讲故事时，先出示一部分故事的情节，教师一边讲解一边出示，也可以留着结尾下节课再听，让学生充分发挥想象力，自己编故事的结尾，留下悬念，学生对听故事的兴趣只会越来越浓，这样不仅达到了提升英语听力的效果，也会增强其学习英语的信心。

二、强化语音练习，帮助正确发音

第一，实施正确的语音授课，注重语音课的教学设计。在刚开始教学生学习英语时，应先从舌头的摆放位置以及气流的发出等方面进行讲解，并进行反复的练习，直到每个学生都能够准确地发音为止。只有让学生学会了正确发音，才能为学生后续的听力学习打下坚实的基础。教学中还应强化语音训练，根据教材内容精心设计一些精听课。先以单词、词组为单位，训练学生对单词、固定词组的快速反应和理解能力。再以句子为单位，训练学生快速听和反应的能力。

第二，利用各种教学手段开展形式多样的教学活动。从现代教育理论来看，传播教学信息的载体越直观，信息通道中的干扰就越少，学生的认知率就越高。因此，充分利用现有的多媒体教学设施，开辟专用的课外语音视听室，让学生利用课余时间欣赏性地听、模仿不同语篇类型的听力材料，充分调动学生的学习兴趣和积极性，在美的熏陶中获取英语语感，使学生能通过自己一口漂亮的语音语调增强学习英语的自信心。

第三，适当增加语音课课时。这样能避免英语语音学习流于形式、费时低效的弊端，能切实提高高中生英语听力与运用的能力。

第四，增设校本英语语音过关考试。通过定期的语音检测或考试来促进学生对语音学习的兴趣，得到不断提高与完善。因此语音过关考试是一个非常有效的检验手段，一方面，可以督促学生进行自觉的后期提高和完善；另一方面，可以起到查漏补缺的作用。

三、加强词汇量，培养话语分析能力

话语分析是现代语言学里的一个新兴学科。它发展得十分迅速，而在高中的英语听力教学中，从听力话语分析的角度来提升高中生的听力水平已成为高中英语教学的一个重点方向，也是当前国内高中英语教学中许多人关注的课题。从教学理论上来看，话语分析能将传统语言解读方式不能解读出来的英语语言现象加以解读，而且能让学习者在教师的诱导中深刻理解英语的语言特色与文化背景内涵等内容。因此，话语分析的方法和研究成果对于语言教学，尤其是外语教学或第二语言教学方面，也有理论指导意义。

四、优化教学听力训练的目的性与层次性

（一）优化教师听力训练的目的性与层次性

第一，听力练习的要求与目的要明确。教学中，每进行一次听力练习，教师都要提出

明确的要求和要达到的目的。学生有了明确的目的，从而带着问题去听，才能提高听力效果。

第二，听力材料的选择要有层次性。教师在选择听力材料时还要具有层次性，听力练习可以先听一些简单、短小的材料，保证一般学生都能听得懂。当学生有了收获时，才能慢慢地对听力有兴趣，这时再逐步过渡到较深、较难的材料。

第三，科学设计听力内容和形式。有的学生在听听力时会出现发困的现象，教师在安排听力训练时应注意时间的长短：听力材料不能太长，应每天定期地进行听力训练。大部分学校都有英语早自习，教师可以占用20分钟的背书时间来让学生听英语听力。对于听力材料的选择教师要做到多种多样，让学生接触不同题材的听力内容，拓宽学生的知识面。

第四，技巧选择要有目的性。教师在指导学生做新教材中的听力练习题时，应指导学生打破练习题之间的限制。听完一遍后，练习题中能做的题都可以做，而且凡是能一次完成的问题就要尽量一次解决。完不成的可以让学生带着问题再听，并最终完成任务，这样就减少了难度，突出了难点。

（二）优化学生听力训练的目的性与层次性

第一，听前阅读，利用好听力时间。每道听力题都会留出相应的阅读材料时间，学生要利用好这段时间提取有用的信息，分析句子问题，猜测朗读者要说的内容。

第二，进行创意的听力训练，激发自己的学习能动性。有的学生对学习英语就是提不起兴趣，特别是男生，他们觉得上英语课就像听天书一样，更别提听英语听力了，这时英语教师应想一些办法来进行新颖的听力训练，激发学生的学习能动性。

总而言之，高中英语听力教学和训练一直受到英语教师的关注，英语教师为了能让学生在高考听力中取得高分，虽然也想出了很多种听力训练方法，但教师应该注意从学生实际出发，加强对学生的平常训练，及时发现学生在听力方面的问题，对学生进行正确的指导，增强学生的听力水平。

第三节　高中英语新课程的听力教学策略

一、"三段式"英语新课程的听力教学策略

（一）准备阶段的策略

（1）精心挑选听力材料。根据学生的学习和学生现有的英语水平，合理挑选出适当的听力材料不仅至关重要，还也是准备阶段必做的工作之一。挑选材料时，应注意三个方面：①选择从易到难逐步深入的系列材料。换言之，从短句到长句，从句子到短文，从短文到现场对话，逐步深入。②选择针对性、操作性较强的材料。例如，挑选接近教材内容的有关英美文化、人文、历史、地理和风俗习惯方面有代表性的材料。③选择能结合新教材特点的材料。能结合新教材特点的材料即口语化、语言规范、交际性强的材料。通过此类材料，既能使学生习得实用的交际语言，又能培养学生在真实语境中的应变能力。

（2）仔细准备电教媒体。除了合理挑选听力教学材料外，应充分利用实物和图片、幻灯、投影、录音、录像、电视等媒体进行听力教学，做到形象直观、生动活泼，有助于学生理解听力材料。

（3）巧妙设计训练方式。一般而言，听力教学过程中可采用三种形式：①填空。培养学生抓关键词的能力。空出句中的关键词，如主语、部分谓语动词、表示时间或地点的名词、否定词、从属连词等。听完录音后，可要求学生填空。在训练短文填空时，重点可放在抓关键词上，要求学生边听边填，听完一段后，给出学生 8～14 秒钟时间，供其回忆检查，并为下一段听力做好准备。②听写。培养学生在无任何文字信息的情况下，直接从录音中获取信息的能力。听写时不必拘泥于拼写或句子的完整，只要记录关键词，甚至可以用自己所熟悉的速记符号来记录。听写可以从单词开始，逐步向段落过渡，所选材料的结构应该简单明了，词汇通俗易懂。③复述。听完一个句子或一个段落以后，让学生立即复述所获取的信息，旨在要求学生借用原句中的关键词，用自己的话复现原文（句）的意思。

（二）教学阶段的策略

为了将各种准备工作有效地付诸于教学实践中，可将听力课的教学分成以下两

个步骤。

（1）听力前。听前阶段要发挥教师的主导作用，即教师根据所听材料的难度，提出目标任务；创设情境或运用投影片提问或介绍背景知识，引入新课，引导学生进行想象猜测、推想、联想等思维训练；解释有关词语。

（2）听力中。听时阶段要体现"以学生为主体"，发挥学生的主观能动性，即要求学生听第一遍时，把握听力材料的整体意思；听第二遍时，捕捉具体信息，记录所听材料要点；听第三遍时，对问题进行分析、对比、判断。教师要检查学生的理解程度。

（三）教学后阶段的策略

听后阶段是回忆、分析、概括等能力的训练阶段，要鼓励学生复述大意，讨论深层问题，学生进一步理解所听材料的意义，最后呈现材料内容，享受听英语的乐趣。

在通过听力获取一定的语言信息后，教师可及时总结出材料中所涉及的语言知识、文化背景，并对学生难以接受的、英汉差异较大的一些语言现象予以讲授。在学生对这些语言材料感知的基础上，教师可设置一定的模拟语境，使学生在一定的语境中学得语言知识。例如，教师可通过让学生进一步回答、讨论更深层次的问题（如关于判断说话人的意图，说话人对问题的态度等），进而使学生对听过的内容形成更系统、更完整的概念，并适当地在"听"的基础上，把"听""说""读""写"四项技能结合起来，形成综合运用能力。另外，很多听力材料，都是很好的诵读材料，在听之后，可把材料给学生，作为平时的朗读材料，这对促进听力教学也是很有帮助的。

事实上，新课程改革是为了使素质教育的目标落到实处，三阶段模式也体现了素质教育的内涵与要求。

（1）全体性。全体性能调动全体学生参与，体现素质教育的全体性。三阶段教学模式要求教师根据听力课文的不同类型，以学生的实际情况为备课的基点，精心设计一系列由浅入深，由易到难，形式多样的听力测试练习题，使不同程度的学生都能在教师引导下，激起求知欲，从中体验成功的乐趣。

（2）整体性。整体性注重开发学生的潜能，体现素质教育的整体性。在听力课教学中，教师注重引导，加大学生课堂思维密度，突出语言交际功能，为学生创设可以相互问答或者自由讨论的语言环境，使其语言能力有效地转化为语用能力，始终贯穿着听、说、读、写各方面能力的培养。整体性注重针对不同类型的听力材料，挖掘文章内涵和主旨，寓思想教育于教学之中，促进学生全面发展。

（3）主体性。主体性充分发挥学生的主体作用，体现了素质教育的主体性。传统的听力课忽视听前阶段和听后阶段的教学，反复播放录音，穿插讲解部分生词，使学生始终处于被动的接受状态。而三阶段模式则截然不同，学生一直是处于主体地位，他们在教师的指导下，学会思考，学会表达，其主体地位得到了真正的体现。

二、英语听力整合的教学策略

（一）信息技术与英语听力整合的主要方法

信息技术与英语听力整合有三种主要的方法：一是将信息技术作为教学要素直接来考虑，称为综合设计；二是先不考虑信息技术，直接考虑常规教学条件下如何设计一节课的教学，在此基础之上再考虑如何将信息技术进行整合，称为应用设计；三是假定教学条件能够想到的都能做到来设计一节课的教学过程，称为理想条件下的教学设计。第一种教学设计由于是将信息技术当作教学要素来考虑，所以没有整合点，这里将不做介绍。这里将就理想设计和应用设计做具体阐述。

（二）理想条件下整合教学设计的一般思路

理想条件下整合教学设计的一般思路是首先，假定教学条件只要能够想到就能够做到，在这样的条件下针对教学重难点的解决考虑教学步骤的安排，再针对诊断出的困难设计解决方案；其次，再根据实际的教学条件比较常规教学手段和信息技术手段的优劣，最后确定出整合点，进而形成整合教学设计。这种设计的优势就在于拓宽了设计的思路，使之不再受到常规教学条件的限制，为信息技术最大限度地发挥作用提供了可能。

理想条件下的教学设计最大的优势就在于它突破了教学条件的限制，使设计者能够充分发挥想象力与创造力，从而使整合的创新成为可能。

（三）常规教学技术条件下的整合教学设计

应用设计的一般思路是在不考虑信息技术条件的前提下，思考如何利用传统的教学环境进行教学设计。设计上，在充分分析教材和学情的基础上确定教学目标、教学重难点，进而设计教学活动。在完成这样的教学设计之后，再考虑信息技术会对哪些教学环节、教学步骤提供支撑，从而进行整合点的诊断，最后形成一节整合教学设计。这种设计的优点是易于操作，教师在考虑整合设计的时候，须在传统的教学设计基础上，再思考如何寻找整合点；缺点在于受到了传统教学手段的束缚，所诊断的整合点具有局限性。

三、基于语言学视角下的英语听力教学策略

（一）基于语境理论的英语听力教学策略

1. 语境与语篇的隐性连贯

语境是生成语篇的前提条件，对语篇的解读也需要依赖语境，因此语篇与语境之间有着紧密联系，语篇是不可能脱离语境的。具体而言，语境包含语言语境、情境语境以及文化语境。散漫、没有秩序的词句是不能构成语言的，语言必须在连贯的话语中生成，因此，如果我们在处理语篇时，发现语篇中没有明显的衔接手段，如照应、省略、替代等，就可以借助语境来把握语篇的主旨与交际意图，通过语境梳理出语篇的思路，找到隐性的衔接，最终使语篇连贯起来。

（1）语言语境下的隐性连贯。语言语境就是我们常说的上下文，它主要是指语篇本身的、连贯的结构逻辑。对语言语境影响较大的是语言的内在因素，因为它会影响着人们对语篇中词义的理解。在语篇中，许多词语，特别是多义词的具体含义往往是由语言语境来决定的。也就是说，相同的词语在不同的上下文的语境中可以表达不同的意思。因此，在处理语篇的过程中，如果遇到一些词句的意思难以理解，我们就可以通过语言语境来判断其具体的含义，从而实现语篇的隐性连贯，真正理解语篇的内涵。

在英语听力练习中，如果学生没法确定某一词语的词义，就可以结合语言语境来进行分析判断，明确多义词在该语境中的具体含义。并且，语言语境还包含着许多其他的信息，结合这些信息，学生可以更加准确、快速地完成英语听力练习。因此，在日常的英语听力教学中，教师应该注重多义词的知识讲解，多安排一些多义词在不同语言语境中的分辨练习，让学生学会通过分析上下文来确定词义、理解语篇信息。但有时也会出现缺少上下文语境因素的情况，这会给学生的听力理解增加一定的难度，这就需要教师针对这种情况总结出一些有效的应对方法，从多个方面提升学生的英语听力能力，增强英语听力的教学效果。

（2）情景语境下的隐性连贯。情景语境是指相对具体的、运用语言的语境，主要关注在具体的语言交际活动中对语义产生影响的因素。人们主要以语篇的形式进行交际活动，而交际又必然是处在一定的情景之中，因此，语篇的分析必须考虑交流内容、交际对象以及交流媒介等因素，实际上，就是要考虑语篇的话语范围、话语基调以及话语方式等。具

体而言，话语范围是指具体发生了什么事情，谈论了什么内容；话语基调是指具体的交际者，参与交际的人的特点、角色以及其他基本情况；话语方式是指人们在交流沟通时使用的交际渠道、修饰手段等。隐性连贯没有具体的、突出的形式特征，但其仍然在情景语境中发挥着重要的作用。

（3）文化语境下的隐性连贯。文化语境即语篇所包含的文化背景。语言是人类社会的产物，它能反映出人民的社会生活。每个人都是在一定的文化语境中成长、生活，因此，文化语境会对人们的说话内容、表达理解产生直接的影响。在英语听力实践教学中可以发现，影响学生听力理解的因素除了语言因素外，还有文化背景因素，很多时候，由于学生不了解听力材料的文化背景，有可能会出现误解、误读的情况。语言能够反映出相应的社会文化背景，而社会文化背景也会对语言的内容与形式产生影响。在这种相互影响下，身处不同文化语境的人们就会形成相应的、特定的交际模式或语篇结构。在英语听力练习中，只有了解对话者所处的社会文化背景，才能真正理解其话语的内涵意义。

人们的交流、交际活动离不开语言工具，它能够反映一定的社会文化特征。在英语听力短对话练习中，掌握文化语境就是找到语篇中隐性衔接的有效手段。因此，要实现语篇的连贯，顺利进行跨文化交流，就必须对交际双方的社会文化背景有所了解，只有这样才能减少文化误解的发生，避免因为一些文化差异而引起的不愉快，保证交际活动的顺利进行。

需要注意的是，在英语听力练习中，英语学习者经常遇到英语俗语带来的阻碍，因为许多英语俗语的词义都与其字面意思不同，如果没有充足的英语文化背景知识储备，就很难了解其所包含的、深层次的文化信息。这就要求教师在英语听力教学中，注重对英语文化的讲解，可以对比中西方的社会文化差异，介绍英语国家的文化背景知识，鼓励学生广泛涉猎不同国家的文化，在日常学习活动中积累语言文化知识，从政治、经济、文化等各个方面了解其他国家的社会背景。教师要培养学生的文化敏感度，通过反复、大量的听力材料练习增加学生对英语文化的熟悉程度，进而提升他们的英语听力水平。

2. 将语境、语篇隐性连贯与英语听力教学相结合

（1）教师应该培养学生的语境意识。英语听力练习主要是考查学生能否对听到的内容进行准确的理解，判断其交流内容与交流意义，并且了解把握其语言语境、情景语境以及文化语境。在英语听力练习中，学生如果没有足够的文化语境知识，哪怕他们听清楚了每个词、甚至每个音节，也不可能真正理解交际者的表达意图。教师在开展英语听力教学活动时，应该讲授语篇衔接的相关知识，组织学生多参加实践练习，提升学生对语篇衔接手

段的熟悉度与敏感度，使学生能够理解语篇中的文化背景，将语篇置于语境中进行解读分析，进而从整体上把握语篇的含义。

教师应该在英语听力教学中融入语境理论，改变学生听力练习的思维定式，引导学生积极利用自己原有的知识储备，使学生通过英语听力练习加深对英语知识的记忆与理解。学生可以通过分析语境来掌握语篇的主旨大意，判断交际者的态度与观点以及交际双方的关系，从已经获得的信息中推测出未知的信息，深入了解语篇的含义。此外，教师对英语听力练习材料的选择还应该考虑到学生的英语水平差异，针对不同水平的学生应选择不同的英语听力练习材料，在具体的练习中，要求学生借助答案选项、关键词句、交际者的语气语调等把握语篇主题。英语听力教学的目的是通过英语听力材料练习锻炼学生的英语听力思维，而不只是简单的语言理解分析。

（2）学生应了解语境在语篇隐性连贯中的作用。在进行英语听力理解时，我们要借助文化语境、情景语境来展开深入理解，对字面上缺失的话语意义进行补充，这样才能获得完整的话语含义。要想挖掘出语篇中的隐藏含义，就必须对语境进行分析，因为语境是语篇意义的重要组成部分。如果没有相应的语境，孤立地解读分析语篇，就难以了解语篇的真正内涵，也无法实现语篇的连贯性。

在英语听力实践练习中，学生必须结合上下文去理解语义，找到相对应的语境，在此基础上学生才能理解听力材料中交际双方的表达意图。学生可以通过简单的词句获取完整的语义信息，推测出语篇的主旨意图，完整地、深入地理解语篇。由此可见，把握语境在语篇隐性连贯中的作用，有助于提升学生的英语听力能力。

（3）培养学生语境分析能力。英语听力教学要注重对学生语境分析能力的培养，这就要求学生充分地了解听力语篇中的语境特征，这样就可以游刃有余地面对不同的语篇与语境，就能按照已经获取的信息推测出更多的未知信息。教师在开展英语听力教学时，应该引入更多的具体实例，让学生感受到相对真实的语境与交际情境，培养学生的语境敏感度，锻炼学生对语篇语义的重构能力。

具体而言，教师可以通过以下三种方法提升学生的语境分析能力：第一，教师可以让学生根据一些关键词展开逻辑推理，推测听力语篇的大致内容；第二，教师可以增加社会文化知识的讲授，丰富学生的文化背景知识储备，鼓励学生建立自己的文化知识体系；第三，教师可以进行突击提问，让学生在短时间内对听力语篇中的语境、主旨做出判断，锻炼学生面对听力语篇的反应速度与预测能力，进而提升学生分析语境因素的速度与能力。

综上所述，在英语听力教学中，语境因素发挥着重要的影响作用，英语教师在教学活动中必须重视语境因素，注重培养学生对语境的敏感度与分析判断能力，只有这样才能从整体上提升学生的英语素质与能力。

（二）基于语篇理论的英语听力教学策略

在进行语篇分析的过程中，我们始终绕不开两个基本概念，即衔接与连贯，如果一篇语篇没有做到这两点，那它甚至都不能称为完整的语篇。在听力实践练习中，学生需要收到相应的语言信号，再根据自己原有的知识展开推理预测，找到语篇中衔接与连贯的关系，这样才能最终实现对听力语篇的准确理解。实际上，这里所说的衔接是语义层面上的概念，主要是指语篇中的语义关系。衔接是语篇的重要特征，通常由语篇的表层结构体现出来。几乎大部分的语篇都存在着衔接，只是衔接的程度可能有所不同。正如胡壮麟教授所说："有意义的、可接受的语篇，必然会在语言的各个层次、各个成分中表现出一定的衔接，这样才能使表达者的交际意图贯穿在整个语篇中，实现交际活动的目的。"①

在语篇的语音、语法、词汇等各个方面都有衔接的体现，下面以英语听力短对话练习为例，从语音、语法、词汇的角度出发，讨论如何使用衔接手段分析英语听力语篇，寻找听力语篇中的连贯性，进而提升学生英语听力理解的准确度。

1. 语音手段

语音手段的衔接作用主要是通过语调和重音来实现，在语音中语调和重音都属于超音质成分，具有一定的特殊作用，能够为听者提供更多的、语言之外的重要信息。

（1）语调。所有语篇中的语调都是有层次的，如果有想要重点强调或者突出的内容，就可以借助重音或者其他调式运动来实现，一般而言，带有终止含义的调型为降调，而非终止性的调型为升调与平调。要想实现语篇的连贯，我们可以反复使用同一种语调调型，或者相似的语调调型，使整个语篇衔接起来。语调主要分为降调与升调。在英语听力短对话练习中，准确把握听力材料中语调的升降能够获取很多重要的信息。因此，英语教师要组织大量的英语对话听力练习，让学生学会通过语调来推测说话者的交际意图，推测语篇的主旨，获取有用的信息，进而深刻理解听力材料的内容。在英语听力练习中熟练掌握语音手段，有助于提升学生的英语听力能力。

（2）重音。重音本身就有强调的意味，它突出了一段话中的重点信息，当听者听到重音时，就可以对重要信息进行定位了，并且还可以借助重音来把握上下文。

---

① 胡壮麟. 语篇的衔接与连贯［M］. 上海：上海外语教育出版社，1994：42.

语音衔接手段是英语听力练习中必须掌握的重要手段，在英语听力教学中，教师应该引导学生关注说话者的语调变化与重音变化，锻炼学生对语音的敏锐性，让学生根据不同的升降语调、重音、语气，合理地推测出说话者的交际意图，准确理解他们的言外之意。

2. 词汇手段

词汇是所有语篇构成的基础，语篇的形成离不开词汇这一基本要素，需要注意的是，语篇不是词汇的简单堆积，而是根据词汇的语义、功能有意义地组织形成的。因此，词汇衔接本身就是语篇连贯的前提，它在英语语篇理解中占据着重要地位。

在组织语篇的过程中使用一些具有意义联系的词语，进而形成一个相对完整的语义链条，使语篇实现连贯，这就是词汇衔接。通常它可以借助重复、互补、同义、反义等词汇关系来构建语义链。韩礼德和哈桑认为"英语语篇中的词汇衔接关系包括复现关系（reiteration）与同现关系（collocation）"①。

（1）词汇的复现关系。一个词语以原词、同义词、近义词等形式在英语语篇中重复出现，就构成了词汇衔接的复现关系，这种词汇的复现关系可以将句子联系起来，构成语篇。具体而言，复现关系还可以分为以下几个方面：

第一，原词复现。原词复现是指同一个词语以相同的形式、相同的语义在语篇中重复出现。原词复现的作用在于强调突出重要的信息，同时也可以使前后句子形成照应关系，将句子衔接起来。

第二，同义词或近义词复现。同义词或近义词复现是指一些具有相同或者相近词义的词语在语篇中重复出现，它们表达的是相同的意思，但是却又以不同的形式出现，这样可以使语篇不会过于单调，内容显得更加丰富，并且相近的词语在词义上可以互相补充，使语义的表达更加完整准确，实现语段、语篇的自然衔接。

第三，上下词义复现。词语中有表示类概念的词，也有表示种概念的词，一般而言，类概念词的词义包含种概念词的词义。这样就形成了上义词与下义词的关系，两个下义词则可以构成"共下义词"的关系。上义词通常比较抽象，具有一定的概括性，内涵较丰富；下义词则比较具体，往往有具体的指向。上义词与下义词在文中的复现可以有效地衔接上下文，构成连贯的语篇结构。

第四，概括词复现。在英语语篇中重复使用同一词语会显得单调、啰唆，但如果使用了过多不同的词语表述也会显得杂乱无章，因此在表述人物、时间、事件时可以适当采用

---

① 吴军俐. 功能语言学与外语听说和阅读 [M]. 昆明：云南大学出版社，2015：130.

一些概括词，比如 people，man，thing，stuff，place 等。这些词语具有概括性，它们可以与被概括的对象形成语义连接，这样既保证了语篇的衔接与连贯，又避免了语言的枯燥单调，并且能够达到上下文呼应的效果。

由此可见，词汇衔接中的复现关系是实现英语听力语篇连贯的有效手段，学生在英语听力学习中应该着重学习词汇的复现关系及衔接方式，这样在面对不认识或者不熟悉的词语时，也能合理地推断出大致词义，完成对英语语篇的听力理解。

（2）词汇的同现联系。通常而言，语篇都是围绕一个主要话题展开的，为了论述这个话题必然会使用许多同属于一个词汇套中的相关词语，这就形成了词汇链。词汇链中间的词语本身就有语义联系，因此它能够发挥衔接、连贯语篇的作用。当一个词汇套的词语在同一语篇中出现时，就构成了词汇衔接的同现关系，具体可以分为反义关系、互补关系、整体与局部关系和序列关系等。

在英语听力理解中，了解词汇的同现关系同样非常重要。教师应该就此组织学生进行专项听力练习，让学生在分析听力材料的过程中，将相同类型、相同主题的词语进行总结积累，或者让学生根据关联词汇来推测英语听力语篇的主题。

综上所述，词汇是构成语篇的基础，是语篇中的有形网络。在英语听力语篇中，词汇是实现语篇连贯的关键因素，它能够衔接上下文，表达说话者的交际意图。因此，在英语听力的教学中，关于词汇衔接的分析教学不容忽视，教师应该培养学生的词汇衔接意识，锻炼其词汇分析的能力，进而提高学生的英语听力理解能力。

3. 语法手段

从功能语言学的角度出发，照应、替代、省略以及连接等手段都属于语法手段，在英语听力教学中，语法手段也占据着非常重要的位置。

（1）照应。有时我们会在分析语篇的过程中遇到难以解释的词语，面对这种情况，就只能从这一词语的所指对象身上寻求解释，这就是语篇中照应关系的产生。在英语语篇中，照应手段可以有效地实现语篇的衔接与连贯。具体而言，照应主要指借助代词等形式表现出来的语义关系。"韩礼德与哈桑将英语语篇中的照应关系分成了三种，其中包括人称照应（personal reference）、指示照应（demonstrative reference）与比较照应（comparative reference）"[1]。此外，在英语听力短对话的练习中，常见的还有分句照应，它主要是指一些词语的所指对象并不是单一的词语或短语，而是相对较长的句子，甚至是语篇。在英语

---

① 吴军俐. 功能语言学与外语听说和阅读 [M]. 昆明：云南大学出版社，2015：119.

听力练习中，学生应该熟练掌握照应手段，熟悉不同的照应关系及其特征，把握照应词语与所指对象互相形成的参照解释，这样就可以使语义连贯起来，厘清英语会话语篇中不同人物之间的关系，明晰事情的结构脉络，进而准确、快速地捕捉到有用的信息，理解语篇的主要内容。

（2）替代。替代也是常见的语法手段，在英语听力语篇中会经常出现。替代是指借助某种替代形式对上下文中重复出现的词语进行替换。这样做是为了减少语篇中重复的内容，使语言的表达更加简洁，语篇整体上不会显得过于烦琐，同时也有助于上下文更好的联续结。在韩礼德与哈桑看来，英语语篇中的替代主要包括三种：第一种是名词性替代（nominal substitution），也就是用相应的替代词来替换语篇中重复出现的名词，具体的名词性替代词有 one，ones 等；第二种是动词性替代（verbal substitution），即用相应的替代词替换语篇中重复出现的动词，常见的动词性替代词有助动词 do，did，does 等；第三种是分句性替代（clausal substitution），也就是借助特定的替代词来替换语篇中重复出现的分句内容，一般 so，not 以及 the same 可以作为分句的替代词。

在英语听力语篇中会出现许多的替代词语，如果不了解这些替代词语的具体指代，没有梳理清楚替代词与被替代内容的关系，就必然无法准确理解语篇的主题内容，更无法实现语篇的衔接与连贯，不能从听力材料中获取完整的信息。因此，在英语听力的教学中，教师必须重点讲解这些替代词的使用方法，增加学生对替代词的熟悉度，这样学生在遇到替代词时就能够快速地找到被替代的内容。

（3）省略。在英语听力材料语篇中，省略是较为常见的语法手段。省略与替代的目的是相似的，也是为了减少语篇中重复的内容，同时突出相对重要的信息。语篇中省略的部分通常都能在上下文中找到，或者根据情景语境也能推断出来，所以省略手段同样具有衔接语篇的作用。具体而言，省略可以分成三种类型：名词性省略（normal ellipsis）、动词性省略（verbal ellipsis）和分句性省略（clausal ellipsis）。名词性省略就是对名词性短语中的中心词、修饰语等成分进行省略；动词性省略就是把动词短语中的作用词、助动词、语义动词等成分省略掉；分句性省略就是对整个分句进行省略，一般而言被省略的分句中的内容已经在文中重复出现过了。

在英语听力理解练习中，掌握了省略手段有助于学生完整地理解语篇内容。这就要求学生始终关注上下文的信息，重视省略的部分，并且根据上下文以及情景推断出被省略的部分，真正理解听力材料的内容。英语教师应该培养学生敏锐捕捉语篇中省略部分的能力，以此促进学生的英语听力水平发展。

（4）连接。英语听力语篇中常见的语法手段还有连接。通常情况下，在同一个句子中会包含几个小句子，而这些小句子之间的联系就需要连接成分来实现。实际上，这些连接成分本身是不具备衔接意义的，它们的衔接作用是间接发挥出来的。连接成分本身并不会延伸至上下文，但是它们的表达为其他成分的出现做了铺垫，预设了其他成分的存在，因此就间接地发挥了衔接语篇的功能。"常见的连接词语包括 but，so，and 等，还有一些副词、短语、分句等也可以作为连接成分，它们能够实现语篇的连贯"[①]。

连接成分主要可以分成以下四类。

第一，"加合"（additive），这类连接词包括：and，besides，in addition 等。

第二，"转折"（adversative），这类连接词包括：however，though，but，rather than 等。

第三，"因果"（causal），这类连接词包括：because，therefore，as a result 等。

第四，"时间"（temporal），这类连接词包括：before，next，finally，after 等。

连接词可以突出语篇中各个成分之间的语义关系，这也是它发挥衔接作用的主要方式。在英语听力语篇中，连接词属于高频出现的词语。因此，英语教师必须重视起来，加强听力练习中的连接词分析教学，学生在听到连接词时要有一定的敏锐度，能够迅速判断出连接词的类型，进而推断出连接词前后的语句是加合递进关系还是对立转折关系，或者是其他的因果、时间关系等。只有这样才能厘清语篇的逻辑顺序，理解说话者的意图。当然，在分析连接词时不能只考虑其本身的意义与属性，而是要将连接词放在上下文语境中进行分析，找到其准确的含义。

第四节　混合式教学在高中英语听力中的教学策略

一、混合式教学在高中英语听力教学中的条件

随着互联网技术的飞速发展，各行各业都开始向着与互联网融合的方向发展。就当前高中英语听力教学而言，很多问题日益凸显，不过在互联网技术的辅助下，一种全新的教学模式——混合式教学应用于英语听力教学中，这种教学模式集数字（化）学习与传统学

---

① 朱永生. 英汉语篇衔接手段对比研究［M］. 上海：上海外语教育出版社，2001：75.

习方法于一身，有效地弥补了传统教学模式的不足。混合式教学强调英语听力教学除了要发挥教师的主导作用外，还要重视学生的主体地位，因此，它对教师和学生都提出了比较高的要求。

就教学内容而言，在互联网时代，教师在准备课程时需要更多地借助互联网的资源，因此，教师必须具备的能力之一就是善于从海量的互联网资源中搜索出有效的资源，并对这些资料进行综合的整理，从而形成学生需要的学习资料。在教学中教师可以使用互联网进行教学资料的搜索，之后将搜索出来的资料保存在互联网上，将这些教学资料在课堂上呈现出来，即实现现代教育技术的辅助教学，这也是当前教师的必备素质之一。另外，教师还需要具备熟练使用现代教学设备的能力，教师在课堂上将视听工具灵活运用，还要将一些英语听力方面的视频和音频资料上传到教学终端，为学生的混合式学习提供充足的资料。但是这些多媒体技术的信息设备在混合式听力教学中仍然存在一些问题，它们对学生的自控能力无法完全具有较高的要求，因为混合式教学是一种先学后教的方式，学生需要主动并且管理好自己的学习，在学习中可以控制自己的学习和娱乐时间，这样才能使混合式教学取得更好的效果。

在混合式教学的学习模式中，最开始的学习主要是学生的自主学习，因此，学生需要排除一些干扰因素，使自己能够投入自学中。学生在自主学习的过程中，可以锻炼自己的思维能力，提高自己的问题分析能力，并且可以在与同学进行交流时，互相分享自己的学习成果，互相评价自己的学习成果，从而促进小组合作能力的提升。对于听力学习而言，学生需要积累大量的词汇，并且反复听取一些听力资料，找到其中的技巧，这需要学生利用课下的时间进行自主练习。学生只有经过大量的练习，才能达到量变到质变的效果，最终提高自己的英语听力水平。学生在课下的时间里自主学习时经过了独立的思考，课上可以进行答疑解惑，课后进行问题总结，这是混合式学习中比较重要的环节。

混合式教学对英语听力教学具有着很大的促进作用。因为在这种学习模式中，会使用很多的教育技术和工具，现代信息技术以及多媒体技术的融合使用对教学较为有利。学生在学习过程中，不仅自学一些英语听力的基础知识，而且还能使自己的听力能力得到很大的锻炼。在课堂教学中，学生具备一些基本的知识结构，在教师经过讲解之后，可以对英语听力知识有更加深刻的理解。在自主学习中，学生可以将自己的学习成果提交到网络平台上，与学生进行互评或者请教师评价，这可以使学生发现在英语听力学习中的一些问题，及时改正。在混合式教学中，一些现代技术应用软件以及一些学习策略都是实现良好学习效果的保障。

二、混合式教学在英语听力教学中的设计阶段

(一) 课前阶段的设计

课前阶段设计是英语听力教学的第一个步骤，也是非常关键的教学步骤。在课前阶段，学生主要是进行自主学习。教师将准备好的教学资料上传到网络教学平台上或者移动终端，让学生下载这些学习资料，之后利用课下的时间对这些资料进行自主学习。教师在上传听力学习资料之后，还要对学生布置听力任务，使学生在自主学习中有目的地学习。对于听力自主学习的重点知识、听力练习内容，教师需要针对学生的实际情况合理安排。学生在收到教师布置的自主学习的听力任务后，可以灵活地选择学习的时间和地点，例如，在图书馆或者家里，学生可以选择头脑清醒的时间进行听力的自主学习。在练习听力内容时，部分听力材料较为简短，学生可以通过智能手机进行练习，然后将练习结果上传到教师指定的交流平台，如微信群、QQ 群等。

(二) 课中阶段的设计

在课中阶段的设计，比较重要的是反馈与策略归纳。教师在课堂上可以对学生听力自主学习中遇到的问题进行集中处理，在这个阶段可以通过以下四个环节进行。

第一，教师对学生在自主学习中遇到的问题进行答疑，并且将听力内容的正确答案告诉学生。

第二，知识归纳精讲环节，在这个环节中，教师对学生理解的重点与难点进行讲解，使学生对自主学习的知识进行内化，之后通过推理归纳找到听力学习的策略。

第三，进阶训练环节，学生对教师讲解的知识有了更深刻的理解之后，可以通过一些难度略高的练习进行检验，教师提出一些有难度的听力题目，学生自主完成，使英语听力的基础知识得到强化锻炼，真正实现从知识到技能的转变。

第四，新课导入环节，完成新课程的听力学习之后，教师引入下一个新课程的学习，使学生自然而然地进入新课程的学习阶段，深化听力学习的内容。以上四个环节，可以使学生对知识有更加系统的认识，从而建构知识体系，更加容易地学习英语听力。

(三) 课后阶段的设计

在课后阶段的设计，主要是对知识进行自测以及开始下一阶段新知识的学习。为了对

学生的听力学习程度更加了解，教师在课后通过布置一些自测题目让学生完成来掌握学生的听力学习情况，这是混合式学习中教师的重要职责。教师将一些检验学生学习成果的题目上传到测试平台上，学生根据自己的学习进度灵活地选择完成的时间。在测试平台中，教师可以看到学生的听力测试结果，测试平台对学生的听力测试进行打分。学生在听力测试中遇到的问题可以通过测试平台的群组进行讨论，从而及时对解决学生的疑惑。

另外，教师还可以在测试平台中上传一些延伸练习题目，供学生自主选择练习，从而巩固学生的英语听力基础知识。在测试题完成之后，教师在网络教学平台中发布下一阶段的任务，并且上传下一阶段的学习资料，供学生进行下一阶段的英语听力知识的自主学习。

三、混合式教学在英语听力中的教学设计策略

（一）课前拓宽教学来源，构建学习交互通道

高中英语听力教学中的课前准备阶段在英语听力教学中发挥着至关重要的作用，这一阶段直接关乎着英语听力教学效果。在这一阶段中，具体包括以下内容。

1. 拓展教学资料来源，采用立体化听力材料

英语是一门通用语言，也是一门学科性很强的语言。英语学科的背后蕴含着丰富的文化背景，是文化研究的重要组成部分。文化语境在英语学习中起着重要的作用，只有了解了英语背后的文化，才能从语境上更加透彻地了解和学习英语语言。随着教育教学的不断发展，英语教学和教材改革也在进行。很多高中也在充分挖掘和拓展英语教材，将以英语为母语国家的文化背景、风俗习惯、经济和政治发展等融入英语教材中，从这种意义上而言，英语听力教学面临着严峻的挑战。在此背景下，要想能够在规定的时间内完成英语听力教学的目标，实现良好的英语听力教学效果，教师必须在听力教学之前就帮助学生做好充分的准备。例如，引导高中学生了解英美文化的背景，从而帮助学生扫清听力中有关文化背景的障碍；鼓励学生在听力教学之前，对教学的主题内容及其相关知识有大致的了解，从而使学生能够有所准备的走进课堂，进行有效的听课和学习。总而言之，学生只有大致了解了英美文化背景和课堂主题内容，带着一种求知欲来进行听力的学习，就会克服很多的障碍，同时也会提高自身的听力水平。

此外，由于网络技术发展迅速，教师在听力教学中可以利用网络教学的优势来激发学生学习英语听力的兴趣。例如，教师可以将一些高质量的英语听力和学习网站推荐给学

生，同时，也可以利用这些网站的优势融入英美文化知识、英语词汇知识、英语语法知识，从而在保证学生充满学习兴趣的情况下完成英语基础知识的教学，为英语听力教学奠定基础。另外，教师还可以利用腾讯 QQ 和微信等语音工具进行实时异地的英语听力方法指导，及时指出学生在听力学习中的不足，从而提高学生的听力水平。

需要注意的是，听力材料的选择也会直接影响着英语听力教学的效果。英语听力材料不能设限，需要保证听力材料的广泛性，听力材料即可以包括文本材料，也可以包括音频和视频材料，因为内容丰富、形式多样的英语听力材料不仅能够激发出高中学生的兴趣，还可以开拓学生的视野。但是需要明确的是，无论选择哪种形式的英语听力材料都必须保证主题明确、短小切题，具有很强的阅读性，从而保证高中学生能够在优质的英语听力材料中学习，从而增长知识。

除此之外，教师在选择英语听力材料时，还应充分考虑英语材料的难度系数，并按照阶梯式的分布来安排教学，从而做到循序渐进、难易结合。同时，这样也能够满足不同学习层次的学习，有利于学生根据自己英语听力的实际情况自行选择，培养学生自主学习的能力。

教师在选择英语听力材料时，应该保证听力材料在符合教学主题和目标内容的基础上，拓展英语听力材料，保证英语听力材料的新颖性、科学性、趣味性、实时性，从而在常规测试听力材料的基础上拓展英语听力材料的内容和形式。

2. 合理筛选听力教学材料，保证学生有效认知

随着网络技术的发展，网络技术已经广泛地应用于英语听力教学中。丰富的网络教学课件和内容为教师提供了形式多样的教学资源。教师更应该利用网络平台的优势，结合英语教学的目标、教学的内容、教学的目的、教学的任务、学生的学习情况以及学校的媒体设备等精心选择英语教学听力材料，同时将网络教学与面对面教学进行有效融合，从而实现线上线下的有机统一。需要注意的是，教师不能超负荷地传授高中学生过多的新知识。因为学生记忆新知识首先就要对新知识进行有效的理解，听力材料也是一样，需要学生在理解的基础上进行记忆。如果过多的新知识已经远远超过了学生的认知负荷，不仅不能实现良好的教学效果，还会增加学生学习和认知的负担，从而使学生产生厌倦心理。

另外，教师还应该结合网络时代的电子听力材料，注重学生认知规律的培养，根据学生的特性、学习情况来合理安排教学，从而充分发挥多媒体教学的优势，弥补传统听力教学的不足。实际上，高中英语听力教学中最为理想的模式应该是学生的主动学习和自主学习，并能在轻松愉快的环境中不断提高。

3. 延展社会网络，构建学习交互通道

当前，随着网络技术的发展，社会网络也在不断发展，各种社会性交际软件也在不断兴起，并广泛应用于大众的生活和工作中。社会性交际软件是信息技术发展的产物，它不仅拉近了大众的生活，还改变了大众间交互的方法，除了腾讯 QQ、微信等，2020 年又有了"Real 如我"等新的社交软件。正是这些社会性交际软件的出现，使得社会关系更加实在化，使得人与人之间的交流更加透明化，同时也强化了人与人之间的交互关系。在社会性交际软件的影响下，知识与信息的互换也成为可能，其内容和形式也就更加的丰富。

随着教育改革的不断推进，我们可以将社会性软件融入英语教学中，这样可以强化师生之间的交互关系，促进师生之间的交流。同时还可以使学生从封闭的学习环境中脱离出来，更好地融入网络的学习环境中的，这对学生学习交互体系的构建具有着很大的促进作用。

高中教师可以充分利用网络技术来构建英语听力平台，并设置英语听力网络平台的管理者，在教师担任管理时，可以选择一个擅长计算机的学生作为协助。教师在网络平台上可以布置下一节课的任务，并将其分成几个板块。对于学生而言，可以根据英语网络资料库以及教师提供的知识、内容等进行知识的构建。注意在构建知识的过程中，学生应该按照一定的情境、会话、协作等条件进行，从而实现自主学习，完成学习的任务。另外，学生在学习过程中，如果存在着一些自身无法解决的问题或任务，学生可以借助网络平台的优势，利用网络学习共同体，与其他同学进行讨论，并在讨论中勇于发表自己的观点，同时还可以结合教师提供的学习情境进行思考和学习，最终完成学习的任务。

需要注意的是，在网络学习共同体中，教师的地位仍然是不可忽视的：首先，教师担任着学习共同体的组织者，在对学生提供的资源进行设计时，应该根据学生的实际学习情况以及教学的目标，从而更好地完成资源的组织。其次，教师还担任着网络学习共同体的管理者，如果在学习过程中，出现了跑偏或气氛紧张的现象，教师应该及时地进行调节，从而回归主题。同时，教师还应该注意网络节点及连接情况，从而保证网络共同体中的各成员节点都能够融入知识的输入和输出中，使网络共同体优势发挥到最大化。最后，教师还要对学生的线下活动进行实时监管，保证学生的互动是紧密围绕着教学主题。

（二）课中集结信息节点，完成协作学习

在课前准备阶段之后，无论是教师还是学生都做好了上课的准备。例如，教师已经设计好了英语听力教学内容和课堂教学计划；学生也已经在脑中构建了一定的认知图式，充

满了兴趣和探求欲听课。同时，学生已经把课堂教学作为已有知识的扩充过程。在课堂中，教师需要做的是利用网络技术手段来呈现内容丰富、形式多样且具有知识性的听力材料，结合多种教学模式来进行教学，同时采用丰富的教学手段来增强学生听课的注意力，从而在有限的时间内完成教学目标，使学生完成教学任务。

1. 合理选择听力教学媒体，有助于保证听力教学的教育性

关于教育与教学的关系：教育和教学是相辅相成、相互渗透的关系，并不存在着教育和教学的分离状态。众所周知，教学是一个十分复杂的过程，也是知、情、意、行兼顾的过程。因此，在实际的过程中，教师不能随意利用多媒体技术，应该将教育性融入英语教学中。另外需要注意的是，多媒体技术的运用固然能够丰富学生的听力材料，开拓学生的知识面，但教师不能盲目地运用多媒体，应该是在保证师生互动、生生互动的基础上科学合理地利用多媒体。除此之外，语言的学习也是一个复杂的过程，它不仅涉及语言的输入和输出，重要的是还涉及交际，而师生互动、生生互动是语言交际功能的实践过程，也为语言的交际性提供了真实的环境。因此，在英语听力教学中教师的言传身教很重要，师生和生生之间的互动也很重要，教师应该根据教学内容和学生的实际情况，科学地使用多媒体技术，为学生提供互动的平台，最大限度地为学生提供良好的学习环境。

2. 营造轻松活跃的课堂气氛，交织灵活多样的教学方式

学生的注意力是英语听力教学的重要影响因素，教师应该明确无意注意、有意注意和有意后注意的本质区别，并充分利用注意的不同类型规律来进行教学。在听力教学中，教师应该充分利用刺激物的强度、新异性来安排听力教学。例如，教师可以利用注意的外部体现来宏观了解学生的课堂状态，并根据学生的学习状态来调节教学的步骤；可以利用无意注意蕴含的内在规律来设计教学，并注意教学中的语气、语调，对于教学中一些重难点，教师可以加重语气的方式来提醒学生的注意，同时还可以借助肢体语言来进行教学，从而提高学生的课堂注意力，进而保证学生顺利地完成听力学习任务。

基于混合式学习的英语听力教学也应该采用多种形式的教学方法，例如，可以将任务型教学法、文化教学法、情境教学法等融合起来，以学生为主体，充分发挥教师的主导作用，从而实现教学目标，保证教学的有效进行。在具体的英语教学课堂上，教师应该根据学生的实际情况，为学生创设轻松、活跃的学习环境，采用形式多样的教学手段，将多种教学模式混合，以调动学生学习的兴趣，提高学生的注意力，最终达成学生高效率地完成学习任务的目的。

3. 培养良好的听力习惯，保持积极的学习心态和愉悦的学习体验

在听力实践中，高中学生不应该局限于某一个单词或者某一句话，应该放在文章的整体信息理解上。教师在具体的教学中，可以引导学生在听力过程中抓住重点单词、重点短语和重点句子，并通过这些关键词句来推测听力材料的主要信息，进而推测出听力材料的主旨。

学生的心理因素是影响听力教学的重要因素。学生的心理因素包括很多内容，例如，学习动机、学习习惯、学习风格、个性等。众所周知，积极的心理因素对学生学习听力理解有着很大的促进作用。所以，在高中听力教学实践中，教师应该在课前充分了解学生的心理动向，在课堂上，以鼓励为主，充分调动学生学习的兴趣，帮助学生明确学习英语听力的动机，并鼓励学生勇于表达自己的观点和想法。同时，引导学生积极地回答问题，让学生明白错误并不可怕，最重要的是让学生正确地认识自己的错误，从而使学生在一种鼓励、轻松的氛围中学习英语听力。

综上所述，多媒体技术在英语听力教学中的应用，已经打破了传统的教学模式，确立了学生的主体性地位和教师的主导地位。可见，基于多媒体技术的英语教学使高中英语听力教学实现了多元、互动的教学模式，这不仅是有利于教学目标的实现，还有利于学生自主学习习惯的养成。

（三）课后进行线下指导，实现师生交流与互动

无论是什么性质的教学，只是单纯依靠课堂上的时间是不够的。英语听力教学也不例外。英语听力课堂教学的结束并不代表着英语听力学习的结束。尤其是在当前时代，由于网络技术、多媒体技术等现代教育技术的运用，学生可以不受时间和地点限制自由地进行听力的学习，所以学生在课下应该充分利用教师提供的网络平台积极总结和归纳自己的听力学习，同时，教师也应该利用网络平台，针对学生的实际情况对学生进行异地指导，从而实现师生交流与互动，帮助学生构建起多元教学体系。

1. 帮助学生运用"云学习"环境

在高中听力教学中，教师根据学生的个性、性格、学习情况、学习能力等建立了英语听力学习共同体。在英语听力学习共同体中，学生是学习的主人，学生可以根据自己的学习需要来选择学习的内容，这样就有利于培养学生的自主学习意识。同时，学生在日常的学习中可以根据自己的实际情况来学习教师精心选择的听力链接，这些听力链接都是课堂教学的延伸，能够有效补充学生的听力内容，这种方式不仅有利于提高学生的学习注意力，还能够高效地利用高质量的听力学习资源，使学生有更多的精力和时间投入到英语听力学习中来。另外，这些听力链接还丰富和拓展了学生的听力材料，使学生的听力学习更加多元化和立体化。

2. 借助网络社区进行非实时指导

课堂教学的结束并不代表着学生学习的结束，同时也不代表教师教学的结束。学生在课下的具体评价、反馈信息以及重复听力练习等都是英语听力教学的重要组成部分，也是教师不能忽略的一部分。传统的教学模式重视学生知识的获取，忽略了学生对知识的应用，这样不利于学生掌握和应用知识。实际上，学生学习的最终目的就是知识的应用，如果学生在学习的过程中获取了大量的知识，但在新问题的解决中不会应用，对学生而言，这个已学的知识并没有太大的意义。只有学生将自己已学的知识转化为解决新问题的工具，这些知识才会更具有价值。因此，在课下的学习中，教师应该鼓励学生采用问题导向式或者任务驱动式的自主学习方式，重视知识的实用性，在自主学习中不断地提高自己的知识运用能力。

在网络时代，教师和学生也充分利用了网络和多媒体技术。例如，教师利用网络和多媒体技术来设计教学、布置任务、组织学生并对学生进行非实时指导；学生通过网络和多媒体平台进行自主学习、完成教师布置的网络任务，同时通过各种网络工具来获得教师的及时指导。另外，学生也会针对难点问题或无法解决的学习任务与同学进行网络讨论，从而在培养合作意识的同时提高了自己的自主学习能力。

3. 采用多元评价模式实现学生多元发展

随着教育教学改革的不断推进，高中英语听力教学模式在不断变化着，相应地，英语听力教学评价方式也在不断变化着。尤其是在基于混合式英语教学听力教学中，传统的单一的教学评价已经不能适应听力教学的发展，多元化的评价方式势在必行。具体而言，在基于混合式的英语听力教学中，应该充分发挥结果性评价和过程性评价的优势，将两者进行有机融合，促进学生的全面发展。同时，教师也应该根据学生的不同反馈，科学合理地调整教学。另外，教学反思也是英语听力教学中的重要环节，在具体的教学中也应该将其贯穿其中，从而更好地为英语教学的开展服务。

综上所述，课前准备、课中集中信息节点、课后线下指导有利于混合式学习在英语听力教学中实施，有利于提高教学效果，有利于充分发挥学生的主体地位和教师的主导作用。课堂教学与课下学习的有机融合，有效地补充了课堂教学的不足，还有利于学生根据自身的学习情况自主选择学习内容，有利于学生与其他同学探讨英语听力中的难点问题。另外，通过线上线下英语听力学习的互动，为学生提供了一个轻松、愉快、个性化的英语学习环境。

第四章 高中英语课堂的阅读教学策略

第一节 英语阅读教学的相关理论

一、英语阅读的理论依据

（一）语言理论

1. 结构主义理论

结构主义是一种应用于各种学科的方法，其目的是探索一些基本要素之间的相互关系，在此基础上，社会、文化和其他结构通过其中的意义建立起一个特定的人、制度和文化。瑞士语言学家费迪南德·德·索绪尔（Ferdinand de Saussure）是开创20世纪结构主义再现的第一人，他在著作《世界通用语言课程》中，语言的使用（言语或谈话）不是集中的，而是潜在地强调语言系统。因此，语言的要素是相互联系的，是同步现在的，而不是历史的。索绪尔提出了这个建议，语言符号由两部分组成，一个是"意"，另一个是"音"，无论是在心理上投射——就像我们默默地背诵一首诗中的诗句给自己听，或者是在实际的体验中。索绪尔认为语言行为的一部分也是一个有意义的（词的概念或意义）强调对符号内部结构的考察，而不是对符号与物体的关系的考察。

在这一时期，索绪尔对现代语言学产生了巨大的影响。在第一次世界大战和第二次世界大战之间，出现了三种结构语言学流派：布拉格学派，结构语言学和功能语言学主要研究语言结构的功能；哥本哈根结构语言学学派，它重视结构之间的关系；美国结构语言学学派，强调结构形式的描述。结构主义可能是最重要的，它的影响几乎是可以从方方面面看出来。美国结构主义的先驱是弗朗茨·博阿斯和爱德华·萨皮尔，而具有里程碑意义的人物是布卢姆菲尔德，他奠定了美国描写语言学的基础，在他的两部著作《语言科学的一系列假设》和《语言》中，他继承和发展了弗朗茨的理论和方法。弗朗茨·博阿斯和爱德华·萨皮尔的主要价值，即语言的关键在于使语言成为可能的基本概念进行严密的辩论和平衡的表述，认为从声音到句子分析语言的语言学家。他强调可观测语言数据的客观性和系统性的重要性并不是非语言因素，而是形式的分析和分类。因此，美国结构主义是经验主义的归纳或是基于数据的。

20 世纪三四十年代被称为布卢姆菲尔德时代，美国结构主义在这一时期的发展达到了顶峰。美国结构主义的特点可以概括为侧重于口头描述；注重形式分析，忽视语义因素；重点介绍分布情况和置换方法；采用即时成分分析；构建音素。

从结构主义的角度看美国结构主义语言教学理论，语言是一个由不同层次的结构组成的系统。从音素到句法，每种语言中这些结构组件的数量都是有限的，学习者要学习的是这些组成部分。学习者要学习发音和单词的规则和语法规则，从而形成句子。一旦他们掌握了规则，他们就学会了语言。

美国结构语言学家在语言研究中明确采用了行为主义的方法，以科学客观性的名义回避一切涉及精神或者概念范畴的问题。特别是他们采纳了行为主义的语义理论，根据语义的意义是什么，简单而言就是刺激和语言反应之间的关系。语言教师应该教语言本身，而不是语言知识。语言是说本族语的人所说的话，而不是别人说的话，语言活动是刺激和反应的产物。

语言学习是掌握一套符号系统的操作技能，即形成一种语言对刺激作出准确反应的习惯。主要的方法是对结构形式或钻孔进行经验模式训练，也称为刺激反应训练。这是结构主义语言教学的主要方法。以布卢姆菲尔德为代表的行为主义学派认为，语言学习是一种语言习得的过程。

2. 转换生成语法理论

（1）转换生成语法。转换生成语法（Transformational Generated Grammar，TGG）又称转换语法（Transformational Grammar，TG），转换生成语法是由乔姆斯基在 1957 年出版的《句法》一书中提出的结构。他认为世界上所有的自然语言都有着一些共同的语言属性，这一语言学假设导致他试图建立一个模型来描述所有的语言，探索普遍规律，以期揭示人类认知系统的本质，即人的本性。

（2）深层结构和表层结构。在语句分析中，每句话都会有两个层次，深层结构和表层结构。深层结构包含所有解释句子意思所必需的单位和关系。它揭示了语言话语的基本结构，并规定语法关系和功能的句法要素，以及构成要素的语言意义。表层结构是实际产生的结构是句子的直接观察到的实际沟通形式，表层结构是一种相对抽象的句子结构，是由应用而产生的。在基本规则和转换规则中，深层结构与表层结构的关系是转换关系。

（3）能力和性能。乔姆斯基区分了语言能力和语言表现。对他而言，语言能力是指母语者对该语言的内化知识，而语言表现则是指以英语为母语者所产生的实际话语。乔姆斯基认为，语言学家应该研究的是语言能力，而不是语言的表现，以英语为母语的人要建立起一套规则体系，从而产生无数的语法的句子。乔姆斯基认为，为了达到这一目标，我们应该使用演绎式假设检验。

（二）学习理论

1. 行为主义理论

行为主义是一种心理学理论，它认为行为可以不依赖于内在的精神状态被科学地研究。行为主义逐渐影响了学习理论，这解释了外部事件（刺激）如何导致个体行为的改变（回答），不要使用"思想"或"想法"之类的概念，也不要使用任何一种心理行为。行为主义包括古典行为主义和新行为主义。俄罗斯心理学家伊凡·巴甫洛夫，美国心理学家约翰·沃森都是著名的古典行为学家，而美国心理学家新行为主义的主要代表人物——约翰·沃森发表的文章《心理学作为行为主义者的观点》被认为是行为主义的入门。为了证明环境条件会导致动物有特定的行为方式，沃森做了很多关于动物和动物行为的实验，他不考虑动物的思想，断言人类的行为与动物没有什么不同。沃森的想法受到了许多心理学家的欢迎，因此直到20世纪60年代中期，行为主义理论一直占据着主导地位。早期的行为主义者试图用刺激和反应来描述学习。刺激可观察到的影响行为和反应的事件是可以观察到的行为。

2. 斯蒂芬·克拉申的二语习得理论

美国语言学家斯蒂芬·克拉申以其第二语言习得理论而著名。真正的语言习得是缓慢的，而且是说出来的。即使条件很好，技能出现的时间也明显是晚于倾听技能。因此，那些在低焦虑情况下提供"可理解输入"的信息，是否包含这样的信息学生们真的很想听。这些方法并不强制使用第二语言进行早期生产，但是让学生在他们准备好的时候生产，认识到改进来自供应交流和可理解的输入，而不是强迫和纠正生产。在克拉申的理论中，克拉申认为"学习不能成为获得"，流利的第二语言或外语取决于学习者所获得的，而不是他们所拥有的。

3. 篇章理论

（1）篇章。韩礼德（Halliday）认为，篇章是社交语义单位，通过词组、短语或词这些词汇—语法单位来实现的。国内多数学者提到的篇章都是广义的，包括话语和篇章。

（2）篇章分析。篇章分析是对句子、语段或更大的、表达完整意义的语言单位进行的分析，小句是篇章分析的最小单位。有学者认为，篇章的线性结构包括五级。由大到小构成的层级网模式如下：篇章（含题目）—语段（段落）—句群—复句—小句。一个完整的篇章，由上述五级单位构成，其中的构成虽然是以语法单位为基础，但并不等同于语法单位。邢欣认为，邢福义提出的小句"联结律、成活律和包容律"恰好是句子由句法到篇章的重要参照范畴，可以看作三个范畴特征，形式可转化为：

［联结］：语法体现：［+衔接语］

语义特征：［+连贯］

语用标志：［+关联模式］

［成活］：语法体现：［+语调］［+情态］［+时态］［+语态］

语义特征：［+语义完整］

［包容］：语法体现：［-语调］［-情态］［±时态］［+独立结构］

在上述特征中，连贯和关联模式指的是小句必须具有前后照应和相互关联的内容。而衔接语较为复杂，可以按主观性的有无分为话语标记和语用标记；这两种标记又可以按照信息量的有无、强弱进行次分类。

4. 语篇分析理论

传统英语阅读教学忽略了英语作为专门用途英语的特殊性，注重对阅读材料语法分析，逐字逐句讲解，逐句逐段翻译，其结果是忽略了对文体的把握，文化背景缺失，学生能够就重点词汇、短语和句子进行正确问答，却不了解整篇文章的框架结构、篇章联结方法，不能概括文章大意，对类似文体达不到举一反三的效果。所以在语篇分析理论指导下，英语阅读不应将语言分析抽离于语境、背景知识和体裁之外。在讲授阅读语篇之前，教师应当通过问题导入、小组讨论等课堂活动激活学生脑海中相关知识的旧图式，并在此基础上补充信息。由于学生多为 pre-experienced learner（经验丰富的学习者），缺乏工作经验，此处的信息主要为语境信息。在激活并补充了旧图式之后，教师可依据文章内容勾勒出流程图、框架图、提示卡等辅助学生对阅读文章进行理解。

二、英语阅读教学目标分析

（一）英语阅读教学目标需注意的问题

教学目标是教师期望学生在完成学习任务后达到的行为变化程度，是课堂教学的出发点和归宿。阅读教学是高中英语教学的重点，因此，聚焦阅读教学的起始环节，对目标设定进行研究，就显得尤为重要。为了更加科学、客观地了解教师在阅读教学中的目标定位情况，通过对大量的教学设计进行分析之后，发现教师在高中英语阅读教学中的目标定位主要存在两类问题：脱离学情和脱离文本。

目标定位无论是脱离学情还是脱离文本都属于是定位失当，会造成课堂教学无序随意，高耗低效。形同虚设的教学目标无法起到有效的支配、调控、评价教学活动全过程的作用，也无法发挥其导向、约束、激励的功能。

1. 英语教学目标脱离学情

学情分析是教学目标设定的基础，是教材分析的依据，是教学策略选择和教学活动设计的落脚点。然而在教学实践中，往往会忽视学生的心智特点、认知特点和已有认知水平，因此未能有效地进行教学目标定位。高中英语教学目标脱离学情，主要体现在以下几个方面。

（1）忽视学生心智与思维特点。

①忽视学生心智特点。生活在网络媒介极度发达的新时代，学生获取信息的渠道和能力不容小觑，他们对事物的理解和观点也不可轻视，他们不会人云亦云追求个性的特质理应受到尊重。对于大多数阅读文本的话题，学生已经具备了一定的知识背景，有了一定的了解或见解，故而教师不能从教师角度、从经验角度出发去确定目标，决定学生的学习内容和学习方法。

②忽视学生思维特点。学生的思维特点是一个广义的概念，包括学生的认知结构、认知能力、思维特征等。高中学生爱研究、喜探索，他们更倾向于主动地去尝试做什么，在做的时候逐渐明白怎么做。自主体验更能让学生获得成就感，从而保持求知的热情。高中生与初中生相比，更愿意也更需要思考一些有思维质量的问题。从识记理解、应用分析到综合评价，这不仅是学生思维培养的序列层次，也是自然发展状态下的必然梯度。文本中除了表层信息、语言形式之外，蕴含着其他深层次要素，如时代印记、社会形态、民族传统、文化意识、作者态度、读者体验等，而这些要素的理解必然要通过深层次的阅读和思

考来获得。所以目标定位不能过分倚重知识，教师一定要关注学生的思维活动内容和层次，由浅入深，循序渐进，培养高阶思维品质。

（2）忽视学生原有的认知。学生原有认知是班级很多学生学习某个文本时已经建立的图式。图式是大脑为了便于信息储存和处理，而将新事物与已有的知识、经历有机地组织起来的一种知识表征形式，是相互关联的知识构成的完整的信息系统。因此，目标定位必须是以学生原有认知为出发点。教师在解读文本的时候，应该从语言知识和技能、文化背景、话题功能等显性维度清晰地知晓学生已经了解的知识。除此之外，教师对学生的阅读心理准备、阅读动机、探究和合作精神、评判性思维意识等隐性维度也应该有充分的了解。唯有教师了解学生的原有认知，才有可能设定合理的教学目标，帮助学生激活旧图式，构建新图式，激发学习潜能，促进主动发展。

2. 英语阅读教学目标脱离文本

一切解读皆源自文本，如果说文本解读是阅读教学的逻辑起点，文本则是文本解读的系统之端。尊重文本的解读才是真正的阅读教学，真实阅读现场的开端，也是科学目标定位的起点。除了前面提到的目标定位脱离学情的问题外，其中还发现部分教师在设定教学目标时脱离了文本，主要表现在以下几个方面。

（1）不能凸显目标定位的文本主题。此处讨论的主题是在单元语域下的文本话题。《普通高中英语课程标准（实验）》（以下简称《标准》）在高中英语阅读技能教学中对教材选择的建议是"题材广泛，体裁多样"，所以一共涉及了24个话题，这些话题是以单元主题的形式看似随意散落在各个模块中，而实际上这些话题是经由教材编辑审慎选择，并且根据学生心理和认知特点不断循环提升的。脱离文本主题的目标定位缺乏话题意识，没有意识到话题是承载语言内容、语言表达、语言思维的主题词，这样的后果必然会导致学生的话题功能区有盲点或者空白地带，由该话题衍射出的语言内容、信息表达、思维内涵等皆有缺失。

（2）未能抓住目标定位的文本主线。目标是有指向性的，而文本同样有指向性。任何文本在行文的时候都有或明或隐的主线，由其在主题的引领下贯穿全文。若教学目标定位能够抓住文本主线，那么课堂教学就能紧扣目标，思路明晰，主次分明，重点突出。课堂的节奏得以把控，问题链得以形成，阅读任务得以层层推进，更利于学生的图式构建和思维提升。

（3）未能顾及目标定位的文本体裁。文体是指独立成篇的文本体裁或样式，是文本构成的规格和模式，它反映了文本从内容到形式的整体特点。《普通高中英语课程标准（实验）》在语言阅读技能八级目标中明确提出"学生能识别不同文体的特征"，在写作八级目标中提出"学生能做到文体规范、语句通顺"，在写作技能评价的测试要点中提到"用词及文体恰当"，等等。结合文体特征的教学目标定位，意为设定阅读教学目标时，需要充分考虑文体的一般特征，特别是该文体的独有特征，分析其结构，重视其布局，聚焦其语言，剖析文本的内在逻辑和表现手法，挖掘思想内涵和深层意蕴。

（二）综合视野下英语阅读教学目标分析

1. 综合视野下阅读教学目标的定位

阅读是读者与作者之间情感的交流，心灵的对话，智慧的碰撞。阅读教学则是教师、学生、文本之间对话的过程，其目的在于引导学生通过教学互动与参与，并依据英语语言的特点、学生个人的认知及语篇（文本）的特征，达到对阅读篇章正确而合理的解读，进而实现对语篇主题的把握，这就意味着阅读教学目标定位应基于学情、基于文本。在深入分析了高中英语阅读教学目标定位存在的主要问题及成因后，认为目标定位的主体对象应为学生，并在此基础上达成了三项共识：①阅读教学目标的定位应基于学生的阅读基础；②阅读教学目标的定位应基于具体文本的主题与特征；③阅读教学目标的定位应基于阅读教学的综合视野视角，进行合理取舍。因此，提出了综合视野下阅读课堂教学目标定位的三个"结合"。

（1）结合学情进行的目标定位。教师对学习者如何学习的了解程度决定了其教育哲学、教学风格、教学途径、教学方法和课堂教学技巧，可见了解学生的实际情况，做好学情分析的必要性。通过学情分析，教师不仅可以在确定教学目标时能够从学生的实际出发，有直接性和针对性，并且可以发现教学的重难点，从而制定和调整教学策略。学情分析与教学设计的其他组成部分有着重要的联系，在教学设计中起着调整教学目标、确定教学重难点以及优化教学活动的作用，使教学设计符合学生学习和发展的需要。根据内涵，学情分析可以分为学生情况分析和学生学习情况分析。因此，尝试结合以下两个方面对学情进行具体的分析，以使目标定位更为准确。

①结合学生已知的生活经验与兴趣进行目标定位。面对已经积累了一定生活经验的高中学生，教师在教授知识时如能尽量将教学内容以及学生的现实生活联系起来，不仅能够激发学生学习英语的兴趣，还能促使他们在已有的生活经验中去学习新知识，在实际生活中运用英语，提高他们运用英语的能力。

②根据学生的学习情况以及认知水平进行目标定位。根据二语习得理论，在二语教学

中，教师所教授的知识须建立在学生已有的基础上，体现出"输入假说（the Input Hypothesis）"发展而来的"i+1 原则"。该理论启示，教师必须提前充分了解学生的基础，即对他们已有的知识做出分析，并根据学生的基础来调整自己的教学目标，完善教学过程，巩固教学成果。

（2）结合文本进行的目标定位。文本不仅是语言知识的载体，同时还是传递思想、表达情感、蕴含文化。教师需要深入解读文本、挖掘文本中所蕴含的丰富信息，读出它们的内在思想、逻辑关系，读出文本背后的故事，并在阅读教学中加以体现，从而引领学生从不同的视角理解、体验和感受文本，赋予文本以生命，赋予课堂以活力，使阅读教学变得立体和综合，最终实现提高学生学习英语的兴趣和综合语言运用能力的目的。在这一过程中，教师解读文本的角度和深度直接影响着学生对文本的理解和体验。教师对"教什么""怎么教""教到何种程度"等的决策，即目标定位，都应以对文本的正确解读和对学生情况的充分了解为基础。

①结合单元话题进行目标定位。例如，人教版《普通高中课程标准实验教科书·英语》教材编写以话题为核心，以结构和功能项目为主线，组织和安排听、说、读、写的活动，通过任务型活动和完成项目来实现教学目标。涉及的话题很广，涵盖社会科学和自然科学，如信息技术、航天技术、环保、法制、文学、音乐、医学、美术、体育，以及工、农、商等方面的教学内容。阅读部分提供了各单元的主要阅读语篇，题材广泛，体裁多样，这些课文不仅载有该单元有关主题的重要信息，还呈现出了其中大部分的词汇和主要的语法结构。人教版教材中的阅读文本贴近学生生活，符合学生的年龄特征，内容丰富，语言地道，构思巧妙，是学生学习语言知识、感悟谋篇布局、激发情感思维的鲜活材料。每个单元均围绕着话题展开听、说、读、写等语言技能的训练，旨在发展学生的综合语言运用能力，尤其是提高学生用英语思维和表达的能力。

②结合文本体裁和语篇优势进行目标定位，具体如下。

第一，关注文本体裁。高中英语课程标准语言技能阅读八级目标要求学生"能识别不同文体的特征"。文体，是指独立成篇的文本体裁（或样式、体制），是文本构成的规格和模式。就体裁而言，英语阅读文本可分为论述类（ArgumentativeWriting）、说明类（Expositive Writing）、描写类（Descriptive Writing）和叙述类（Narrative Writing）四种文体。不同的文体有着不同的文章架构、表现手法、写作目的、语言特点。说明文体主要是解决 what 和 how 的问题，议论文体重点解决 what、how 和 why 的问题，记叙文体重点解决 who，when，where，what 和 how 的问题。

第二，突出语篇优势。作为课文的文章首先是一个独立的语篇，具有自身的语义功能、语用目的和语境。因此，每一篇课文都有着自己独特的语篇优势，即自身较为突出的地方，如语言优势、结构优势、思维优势等。绝大多数情况下，课文的语篇优势就是课标要求的教学重难点。只有基于语篇优势进行阅读教学，才能真正领会教材编写专家的实际意图，才能更好地把握教学的重难点，最大限度地达成教学目标。

（3）结合阅读教学综合视野进行的目标定位。每当对一个文本进行多元而详细的解读，教师就会突然觉得课堂上要教的内容实在是太多了。这时就产生了选择教学内容、决定一堂课上教什么而不教什么的问题。不同的语篇、不同的教学阶段，应该要有不同的教学聚焦，因为一堂课的时间是个常量，不可能在一堂课中解决所有问题。而基于阅读教学的综合视野视角进行目标定位，也就是在"取"与"舍"中平衡的过程。从某种意义上而言，教师需要在进行充分的学情分析和文本解读之后，结合课标要求，根据学生实际，尊重具体文本，在综合内容、思维与语言的大前提下，而有侧重地进行取舍。

2. 综合视野下阅读教学目标的叙写

（1）目标叙写的常见问题。在各级各类高中英语阅读教学研讨活动中，发现教学目标的叙写存在着诸多的问题，有的主体错位、主语混用，有的机械套用"标准格式"，看似面面俱到，实则多为言之无物的、空洞的"教学目标"，还有的教学目标定位过泛，无法评价。

（2）目标叙写的基本要素。

①常见的目标叙写方式。教学目标叙写是教学设计的一个环节，教学目标设定后通过叙写成为指导性的核心要求，对教学各环节的设计起到了引领、规范的作用。教师在叙写的过程中，可以对所设定的目标进行再梳理、再认知和再加工，使原本抽象、思维化的目标成为具体、可见的文字，目的性更明，层次性更清，指导性更强，也有利于在实际教学中沿波讨源，评价反思。通过研读学习近现代有关教学目标叙写的研究，发现主要存在以下三类目标叙写基本方式。

第一，行为目标表述法。在行为目标表述法中，可观察、可测量的行为目标应具备三个要素，即清楚描述通过教学后，学生能具备的能力（"做什么"或"说什么"）；规定学生的行为产生的条件；规定符合要求的作业的标准。行为目标明确地使教师和学生知道，教学目标是什么以及如何观察和测量这种能力。由于所采用的行为动词明确、可测量、可评价，行为目标表述法避免了用传统方法陈述目标的含糊性和不明确性，但该表述法只是强调了行为结果，这导致教师可能因此只关注学生外在的行为变化而忽略了学生内在的心理能力和情感变化。此外的行为目标表述法并未强调行为的主体应该是学生，而不是教师。

第二，内部过程与外显行为相结合教学目标表述法。内部过程与外显行为相结合教学目标表述法是在 1978 年首次提出的。该表述法先陈述内部心理过程的目标，然后列出表明这种内部心理变化的可观察的行为样例，使目标具体化。教师在陈述教学目标时首先应分两步，首先，明确陈述如记忆、知觉、理解、创造、热爱、欣赏、尊重等内在的心理变化；其次，为使这些内在的心理变化变得可以观察和测量，再列举出反映这些内在变化的具体行为。

将内部过程与外显行为相结合的表述法避免了行为目标表述法可能产生的机械性和表层性，也克服了教学目标陈述时的含糊性。但有时，人的认识和情感变化并不是参与一两次的教学活动便能显现出来的。作为教师，也很难预料一定教学活动后学生的内在心理过程将出现什么变化，因此也存在着一定的局限性。

第三，ABCD 目标表述法。ABCD 目标表述法于 1983 年在马杰的理论基础上提出的。ABCD 分别表示主体（Audience）、行为动词（Behavior）、行为条件（Condition）和表现程度（Degree）四项要素。由于 ABCD 法所提炼的要素关键、精准，表述清晰而具体，操作简洁又便利，是目前各个学科教师普遍使用的一种叙写方法。但是在研究中也发现表现程度（Degree）的表述有时候是比较困难的。表现程度即学生对目标所达成的最低表现水准，用以衡量学生学习表现或学习结果所达到的最低程度。如使用 fluently，quickly，accurately 等程度副词。这部分可能是叙写中最困难的部分，因为很多行为的达成很难量化，很难在每一次的备课中制定出合理的最低标准。

②综合视野下阅读教学目标叙写。在比较研究上述三种目标表述法之后，可以看出，无论是用何种目标叙写方式，都会陷入机械套用或思维定式的怪圈。实际上，平时在做教学设计的时候，只要经常思考"这节课让学生获得什么；获得多少；用多长时间获得；怎样获得；这样思考之后确定的教学目标才是切合实际的教学目标。而根据这样的思维，在综合了各方面的优点之后，认为教学目标的叙写不用遵循某一特定的格式或者原则，只要明确"以什么方式用什么活动以达到什么目标"是阅读教学的目标即可，这样所叙写的教学目标自然就是科学的和准确的。

3. 综合视野下阅读教学目标的评价

众所周知，教学评价具有着检查、诊断、反馈、激励、甄别和选拔等多种功能，目的是检验和改进学生的学习和教师的教学，改善课堂教学，完善教学过程。评价是为了更好地调整教学，只有清楚地知道在整个教学过程中存在的问题，才能及时对自己的教学进行调整。

在进行目标评价的时候，首先，要明确目标定位是否符合前文所提出的原则；其次，再看目标的陈述是否符合了"以什么方式用什么活动达到什么目标"的叙写方式；最后，明确该如何对教学目标的达成效果进行评价。

对于教学目标的评价，既要考虑终结性评价，同时也要结合过程性评价来考量预设与生成的一致性。在阅读教学的过程中，建议用学生参与程度与任务达成的效果来进行过程性评价。

（1）学生参与程度评价。评价教学目标定位是否有效，其中非常重要的一个指标就是学生的参与程度。这从学生参与教学活动的积极性可以看出。可以设计一个课堂观察表来监测学生的参与程度，该观察表由"课堂学生座位表"和"学习过程的学生参与细则表"组成[①]，以此来评价学生参与教学活动的广泛性。一堂课中参与活动的学生高度集中在平常的课堂教学中是很常见的，这主要是因为教师在设计教学活动时没有充分考虑学生的认知差异和能力水平差异的因素，设计的活动形式单一，任务缺乏层次。使用课堂观察表来标注教学过程中学生的参与程度，可供教师课后反思教学之用，并根据学生的参与程度合理地调整教学目标定位。

（2）任务达成效果评价。一堂阅读课的教学目标定位是否准确，除了前文提及的依据"学生参与程度"来进行评价之外，还可以根据教师所设计任务的完成效度来进行考量。任务完成效果可从阅读教学的"输入与输出的相关性和有效性"以及"作业设计对目标定位的延续性"两个方面来进行评价。

①输入与输出的相关性和有效性。经常可以从阅读教学中看到教师们上阅读课的常态是"Pre-reading（一般是用多媒体展示几张图片或者回答 1 ~ 2 个问题）—Skimming（通常伴有 1 ~ 2 个选择题）—Scanning（通常伴有更多的选择）—Language Points（如果是公开课，则十有八九改成了 Discussion）"。其中提到讨论环节，是很多教师偏爱的教学活动，因为该活动可以让人产生一种"学生充分参与，课堂气氛热烈"的错觉，殊不知这有时候是一种虚假繁荣。所以，一堂课的关键是要看学生输出的内容与阅读教学输入内容的相关性。如果学生仅凭旧有的知识就能完成输出任务，那么这样的活动设计就是失败的，因为这与本堂阅读课的输入没有相关性。据此，就可以评价这堂课的教学目标定位是失败

---

① 叶恩理，翁颖卿，汪润，等. 英语阅读教学中的目标定位：综合视野视角［J］. 英语教师，2016，16（1）：157.

的，至少，语言知识的教学目标定位是不恰当的。

教师在实施英语阅读教学时，应当先进行教学目标定位，再设计相关教学活动。教学活动应该围绕教学目标来进行，是为了实现教学目标而设置。在教学活动的设计过程中，教师要考虑设计目标语言与内容输入的时候，依据学生差异设置适合学生的活动。同时，在设计输出活动的时候要体现目标语言的使用及目标内容的复现。输出活动可以有文章缩写、大意概括、复述文章故事、角色扮演、文章大意填空、小组讨论、小组辩论、小组报告等。这些输出活动都是可用于判定教学目标定位是否准确的量化评价方式。

②作业设计对目标定位的延续性。阅读课的作业是读后活动的延续，教师不能把作业当成单独的板块，与文本的阅读隔离开来。作业的完成，可以帮助教师清楚地判断教学效果，验证教学目标定位是否准确。教师应布置与教学目标相关的作业，使课后作业成为课堂教学目标的延续，避免出现课堂阅读教学和课后作业各行其是的现象。

第二节　高中英语阅读与 CALL 模式的教学策略

一、CALL 模式与英语阅读分析

计算机辅助语言学习始于 20 世纪 60 年代，CALL 是计算机在语言教学中的应用研究和探索。语言教学过程中使用计算机进行研究或学习的任何行为都可以称为呼叫，这种特殊的语言教学模式在当今社会越来越有利。目前，我国经济实力的不断增强，为计算机技术的发展奠定了良好的基础，可以对呼叫系统进行尽可能多的补充和改进。CALL 模式是语言教学人员利用计算机技术进行辅助教学的一种方法。

目前，英语阅读已成为时代发展的趋势，这也是加强国际交流与合作的基础，也是由英语的国家地位所决定的。为了跟上时代的步伐、跟上潮流的信息，在今天的信息革命的时代，我们必须学会阅读，注意英语阅读方法，培养良好的阅读习惯，有高效的阅读能力，能够快速阅读我们所需的大量文献，并能够在有限的时间内尽可能多的信息。

二、高中英语阅读教学模式存在的问题

我国高中在不断进行教学改革的同时，在教学方面也取得了一定的成绩。高中英语阅读教学在高中英语教学过程中占有着重要的地位。阅读教学关系到学生的英语水平，是学

生今后工作和生活的重要组成部分。虽然高中也在进行教育体制和教学方法的改革，但是在实施阅读课堂中仍存在着许多不容忽视的问题。这些负面问题极大地削弱了高中英语阅读教学的效率。因此，我们应该关注阅读教学模式中存在的突出问题。

（一）英语阅读教学模式的局限问题

在实际工作中，高中英语教学模式在不断改进和完善，但在教学中仍是以教师为主。由于这种普遍现象的存在，学生在这种教学模式下，与教师在课堂上的交流较少，学生在新时代的主体地位没有得到体现，使学生在学习中仍然处于被动的状态。评价的对象是教师，内容主要包括教师自身的英语语言表达水平、讲解知识点的能力、使用黑板等教学工具的能力以及控制课堂的能力，忽略了学生的评价。

此外，在阅读知识和技能的教学过程中，高中英语教师只对答案进行了翻译和解释，使学生无法充分理解阅读技能。在这种情况下，学生的阅读技能只能靠自己的努力和总结，因而导致高中生整体英语阅读能力偏低。此外，教师的教学方法过时，教学模式单一，教师和学生之间的互动较少，学生处于被动地位，老师经常把阅读材料作为教学语言知识的一种形式，片面地强调语言点的解释，忽略了对文本文章的理解和把握，忽略了应用程序的相关信息和背景知识，缺乏对学生阅读过程进行系统地掌握和控制。

（二）英语阅读中学生学习方面的不足

在英语学习中，学生的英语学习存在较多问题，尤其是在阅读英语材料的过程中，他们总是在依靠字典来理解文章的意思。由于他们不注重背景知识，往往停留在字面的理解上，难以达到阅读理解、思考、评价和欣赏的最高水平。阅读速度仅为目前学生每分钟145个单词阅读速度的一半左右。然而，许多专家认为，高中生在英语阅读过程中应尽量放慢自己的阅读速度，以提高学生的理解能力，影响最终的阅读质量。这些因素的存在将极大地影响着高中英语阅读教学模式的效果。

（三）高级中学忽视了英语阅读教学的作用

虽然学校在英语教学上安排了较多的课时，但是在英语阅读方面还会存在一些不足。教师在英语课堂上过于注重听力、英语写作和英语语法的培养。虽然阅读是英语的重要组成部分，但投入教学中的时间和精力是非常有限的。虽然学生在学习过程中注重提高自己的阅读能力，但主要还是依靠阅读主题与阅读课外材料的衔接，这极大地限制了学生阅读能力的发展。

三、CALL 模式在英语阅读教学中的运用

目前全球的信息正向互联网集中，通过计算机显示屏进行阅读是大势所趋。为了促使学生尽快地熟悉人机界面，加快阅读的速度，利用 CALL 模式进行高中英语阅读的教学就显得非常必要。英语阅读教学中应用 CALL 模式应有以下策略。

（一）研究学生的阅读能力

教师在教学前应该对学生的阅读能力进行摸底，并按照摸底情况来进行分级。为了更加真实地反映出学生真实的阅读水平，教师应该综合学生的入学成绩、期末考试成绩（包括排名）、等级考试成绩和单项考查成绩等，根据权重进行加权平均，最终得出学生个人的基准成绩，作为分级的依据。另外，需要对学生的专业进行分析，主要是对学生的专业特点、专业需求，并对毕业生进行跟踪，了解其工作需要，激发学生学习的积极性，使其学有所用。

（二）按照分类设计阅读材料

阅读材料的选择直接影响到教学的效果。学生英语阅读能力的提高速度和层次往往与学生接触材料的质量、数量、针对性有关，因此科学合理地选择材料非常重要。为了让学生循序渐进、逐个击破，材料分为四部分。

（1）基础部分。以均衡各方面的典型材料，锻炼学生的一般阅读能力，广泛涉猎各种知识。

（2）专业需求部分。根据学生专业特点关注的重点内容，通过结合学生其他学科的知识，使学生带着背景知识去学习。

（3）针对训练部分。以专题的形式，集中时间锻炼一种能力，可以根据题型来区分，如主题句提问、细节提问等，既能提高考试成绩又能目标明确地攻克任务。

（4）课外拓展部分。摘取国外最新的新闻时事、杂志文章等，配合音、视频进行课外拓展阅读，让有兴趣、有能力的学生能继续学习。

（三）注重学生能力的培养

由于课堂上的时间有限，教师不能将所有的课堂时间都让学生练习，而应将重点放在

阅读技能的分析和实践上。教师让学生在规定时间内先利用计算机完成针对训练部分的内容，结束后马上将学生的整体数据调出来，找出典型的题目和易错点，结合每节课要讲的技能进行深入分析。因此，教师在课前需要对材料研究透彻，并将学生可能出现的错误都进行逐个分析，以便能当场分析课堂练习中学生出现的错误。

在此基础上，教师对该节课需要练习的技能进行深入分析，指出题目的特点和解题的方法，并结合典型的题目进行演示，让学生理解解题的步骤和关键。然后让学生再次阅读第一次的文章，根据思路进行解题。另外，让学生阅读另外一篇类似的题目，结束后教师对比前后两次的成绩，了解本项技能的水平提升情况。根据反馈，教师应该考虑是继续练习该专题还是完成此项教学。

（四）通过互联网解决课后问题

由于课堂时间有限，教师利用互联网手段对个别的学生进行辅导，又或者通过在线论坛组织话题并进行讨论。教师根据课堂练习的即时反馈，组织学生之间进行一对一的辅导，让对课堂知识已经掌握的学生指导那些还未能很好掌握的学生，这样既减轻了教师的压力，又让学生在互助问答之间复习课堂知识，一举三得。

四、英语阅读教学中运用 CALL 的误区

计算机辅助能帮助高中英语阅读的教学摆脱千篇一律的模式，达到因专业而异、因人而异，但企图用计算机辅助语言学习取代传统的课堂教学却很容易步入误区，其原因主要有以下几个方面。

第一，教师方面。利用 CALL 教学虽然能提高教学的效果，但教师的备课难度将会增大，尤其是阅读材料分类数据库的整理、维护和更新需要花大量的时间。CALL 教学也对教师提出了更高的要求，既要控制整个课程的进度，又能兼顾个别学生的能力。除此之外，还要求教师具有较高的计算机水平，又要具有较高的学术水平，能对教学材料来源进行严格把关。

第二，学生方面。由于学生的接受能力各异，学习习惯不同，CALL 在高中英语阅读的应用将直接影响到学生的学习效率和效果。同时由于高中生来自不同的地区，英语基础教育的水平参差不齐，家庭经济条件也约束了学生的计算机能力。这些都导致高中英语阅读 CALL 教学不可能兼顾到所有学生的需求。可以考虑分班教学，或者对没有计算机基础的学生进行前期培训，让其在上高中英语阅读课时更关注教学内容而非被计算机知识困

扰。

第三，计算机方面。虽然计算机技术的发展日新月异，但目前 CALL 的程序还不够智能，人机界面较为复杂，功能还不完善。同时 CALL 也会助长教师懒惰教学，教师仅仅将内容都搬到计算机上，并没有根据计算机的特点重新设计内容。教师还可能不讲课，只让学生做题，重数量而不重质量，重做题而不重能力，重成绩而不重反馈。

五、基于 CALL 模式下高中英语阅读教学的改进措施

第一，摆脱陈旧英语阅读教学模式的缺陷。基于 CALL 模式，高中学生在英语阅读模式中占据着主导地位，这不仅改变了以往以教师为中心的局面，也充分利用了教学资源。高中英语是非英语专业的高中生必须掌握的一门课程。在 CALL 模式下，教师可以充分利用各种资源和课件，通过虚拟网络资源增强学生的阅读能力。各类情景动态互动活动，师生频繁交流，学生阅读信息快速反馈，以激发学生课堂学习的主动性，达到课堂记忆语言知识点的目的。英语阅读教师可以通过 CALL 教学模式激发高中学生自主探索英语阅读方法，从而有效地提高高中非英语专业学生的英语阅读水平，帮助教师开展有效的阅读教学课堂。

第二，依据现实发展情况逐渐建设创新性较强的英语阅读教学环境。高中学生的英语阅读技能和方法需要建立在一定的环境基础上。在这样的背景下，高中生可以根据自己的经验运用不同的手段来收集新知识，从而建立和构建起新的阅读知识体系。利用 CALL 模式的优势，建立起符合学生发展趋势和时代发展趋势的英语阅读教学课堂和氛围。在 CALL 模式下，教师可以通过文字、声音、图像、表格、音频和动画等方式来教授学生阅读知识和技能。这种独特的教学模式下，高中生可以选择基本英语阅读方法和阅读材料，更多的自由和独立可以充分调动高中学生参与学习英语，也可以帮助高中学生构建出一个新的英语阅读学习的计划。另外，CALL 模式可以利用多媒体和网络视频来激发学生自主学习的热情。在这种模式下，学生可以适当地选择自己感兴趣的内容来进行训练和提高，这可以极大地激发学生的思维能力，帮助其提高阅读水平。

CALL 模式在高中英语阅读教学模式中的应用价值也越来越高，有利于高中学生阅读能力的提高。因此，必须加强基于 CALL 模式下的高中英语阅读教学模式的研究与探索，才能更好地培养 21 世纪所需要的复合型人才。相关人员也应该逐步加强调用彼此之间的配合模式和高中英语阅读教学模式，并利用计算机技术的便利来弥补阅读教学的不足，以提高学习英语的效率和质量。

第三节 英语文学与报刊阅读教学策略

一、英语文学阅读教学策略

(一) 英语文学阅读教学策略的构建

此处选用人教版高中英语选修课本《小说欣赏入门》《北师大版高中英语》《人教版高中英语》教材中有关文学阅读的课文，结合《书虫》《典范英语》中的相关作品，展开文学阅读欣赏课和文学体验阅读活动课的具体研究。研究中构建了基于核心素养的高中英语文学阅读教学模式，即 Preparing and presenting（课前准备）→Reading and comprehending（阅读理解）→Exploring and appreciating（探究欣赏）→Sharing and expressing（分享表达）。

（1）Preparing and presenting（课前准备）。文学阅读课往往是文章篇幅长，且生词较多，因此利用课前制作的微课，介绍作者生平、主要作品、创作背景和写作风格，讲解文章的生词。学生通过课前学习，为理解课文扫除障碍。

（2）Reading and comprehending（阅读理解）。阅读理解环节是学生对输入的语言信息进行解码加工的环节，也是可理解性语言输入的过程。学生听课文或读课文并完成理解练习。设计各种活动厘清故事结构，如利用思维导图厘清人物关系，把打乱的文章段落排序等，旨在让学生听得懂或读得懂，培养学生的细节理解能力和逻辑性思维。

（3）Exploring and appreciating（探究欣赏）。探究欣赏是通过问题导学探究欣赏课文，引导学生进行分析、概括、联想等思维活动。尤其要学会分析、评价主要人物，旨在培养学生的推理判断能力和批判性思维。通过问题导思，布置学生课前以 pair-work 方式展开讨论，互相阐述、倾听、交流、互动。课堂上再带领学生根据讨论过的问题对文本进行批判性的解读，培养其学习力，发展思维力。

（4）Sharing and expressing（分享表达）。分享表达是语言外化环节，学生通过关键词来概括人物特点，探讨内涵，并设计插图，用英语创意表达，提高创造性思维和书面表达能力。通过 pair-work 或 group-work 的协同合作，话题语言和话题结构得到丰富、补充、清晰、强化。

（二）高中英语文学阅读教学策略的运用

1. 高中英语文学阅读的教学目标与重难点

（1）以《弗兰肯斯坦》为例分析，高中英语文学阅读的教学目标，具体如下：第一，学生能读懂有关弗兰肯斯坦梦想、奋斗、毁灭以及怪物被抛弃、流浪、报复等细节；第二，学生能根据思维导图厘清主要人物弗兰肯斯坦与其他人物之间的关系和故事的结构；第三，学生能通过问题导学探究欣赏课文，尤其能学会分析、评价主要人物弗兰肯斯坦和怪物；第四，学生能通过关键词概括出人物特点，探讨内涵，并设计插图，用英语创意表达。

（2）高中英语文学阅读的教学重难点。重点是引导学生听读课文并完成理解练习，厘清人物关系和故事的结构；概括人物特点，探讨内涵，并设计插图，用英语创意表达。难点是引导学生通过问题导学探究欣赏课文，尤其要学会分析、评价主要人物弗兰肯斯坦和怪物。

2. 英语文学阅读的教学过程

（1）课前准备。课前以微课形式呈现以下内容：

①About the author（知人论世，介绍作者和背景知识）

②About the writing style（介绍哥特式小说风格）

③Choose the right meanings of difficult words（学习文章的生词）

学生有一定的阅读欣赏能力，课前借助微课认真学习背景知识和生词，并完成阅读作品的任务。

（2）听、读、理解。本环节是听读故事、理解课文，组织下列活动：

①Listen and read the text carefully and do True or False exercises.（认真听读课文并完成理解练习，检测了解故事内容的情况。）

②Make clear the relations between Victor Frankenstein and other characters.（根据思维导图厘清主要人物弗兰肯斯坦与其他人物之间的关系和故事的结构。）

（3）探索与欣赏。探究欣赏环节以问题导学为主，重点思考与解答三个问题。问题1、2重在剖析弗兰肯斯坦的双面性和悲剧性：他渴望知识，有抱负，为理想不懈努力，但又以自我为中心，将科学探求凌驾于社会伦理道德之上，最终导致悲惨的命运。问题3重在剖析怪物形象，通过细读怪物流浪经历的描述以及最后一段倾诉和自绝的文字，判断怪物的善恶、内心诉求的原因。在课堂中，教师发问的题目，具体如下：

问题1：Why did Frankenstein create the monster?（为什么弗兰肯斯坦创造了怪物?）

问题2：What did Frankenstein do to the monster?（弗兰肯斯坦对怪物做了什么?）

问题3：Why and how did the monster destroy Frankenstein′s life?（怪物为什么以及如何毁掉弗兰肯斯坦的生活?）

（4）分享与表达。分享表达环节引导学生用关键词概括弗兰肯斯坦的三个行为：梦想、奋斗和毁灭（dream, struggle, destroy）。从这三个方面选用至少三个形容词来分析弗兰肯斯坦的性格特点，并提供理由和依据。下面对教师、学生分享和表达环节做如下情景解析。

①Describe Frankenstein and the monster.（描述弗兰肯斯坦和怪物）

学生：I think he is crazy because in order to test his discovery, he created the monster using parts of bodies.

教师：Yes, he became obsessed with creating life and spent all his time and energy on this crazy deed, without thinking about bad effects that might come with it. So he's crazy.

学生选用的形容词还有passionate, pitiful等，通过概括、描述和思辨，对人物的性格和命运有了更深的理解。与此同时，引导学生用关键词概括怪物的三个行为：被抛弃、流浪和报复（abandoned, wander, revenge）。从这三个方面描述怪物，选用至少三个形容词来分析怪物的性格特点，并提供理由和依据。

学生：I think he is miserable because he had no family, no memories, no childhood and was badly treated borehole.

教师：Yes, although he is warm-hearted and show kindness to mankind, people are still scared of his ugly appearance and treat him badly, so he is miserable.

学生能使用关键词概括人物的主要行为，并从多方面、多角度看待人或事物，批判性思维得以发展。

②Creative writing（创意写作）。一是以Frankenstein in my eyes（我眼中的弗兰肯斯坦）为题，设计插图，并用英语创意表达；二是以The monster in my eyes（我眼中的怪物）为题，设计插图，并用英语创意表达。

二、英语报刊阅读教学策略

英语报刊教学是利用英文报刊作为教学资源对学生进行英语教学。英语报刊阅读教学模式受制于英语新闻语篇的语域（register）特征。语域可以分为话语范围（field of discourse）（语场）、话语方式（mode of discourse ）（语式）、话语基调（tenor of discourse ）（语旨）。语场反映语言使用者的目的，需要不同的言语风格。语式是指口头语言还是书面语言。语旨标志着交际双方的关系，关系不同，则言语风格自然也不同，可分为正式体、随便体、亲密体等。具体到英语新闻语篇中，语场就是指新闻的具体内容和所要达到的目的，语旨就是新闻作者和受众之间的关系，语式是指新闻的传播方式：口头的或者书面的。娱乐新闻的随意性和趣味性、政治新闻的严肃性和商务新闻的准确性构成了新闻语篇的多样性。正是新闻语篇的多样性决定了英文报刊阅读教学模式的多样性。建构主义学习理论认为，学习者的知识是在与周围环境的相互作用中自己建立起来的。英文报刊不仅是传输最新信息的媒体，还是促进学生知识建构的思维工具，是促进合作性学习的动态的、开放的学习平台。

英语报刊阅读教学模式从形式、内容上看是多种多样的，可以按照很多不同的方式划分，因此不同名称、不同种类的教学模式层出不穷，主要从以下方面进行探讨。

（一）宏观层面的教学策略

1. 自主探究式教学

学生自主选择报刊上的话题，借助网络资源、网站和教学资源库，根据自己的实际情况、学习任务和学习需要，制订学习计划，制定适合自己特点的学习方式和学习进度，独立自主地进行探索性学习。

操作程序主要有三个方面：①选择话题。先在报中选择话题，再阅读所选文章。学生每天读报 20~30 分钟。②纵向扩充与读书报告。利用网络资源，对选择的话题进行纵向扩充。然后写总结和读书体会，内容包括读报期数、文章题目、文章内容简介、读后感以及有用的词汇和句子。③朗读复述。学生用约 5 分钟的时间朗读和复述所选择的文章。此外，也可以建议学生每天早自习或课外用 10~15 分钟时间阅读一两篇文章。将每篇文章的好词、短语、句子画出来，并摘录到专用的笔记本上，不断积累。

2. 合作式教学

合作式教学又称为生生互动、师生互动教学模式，协商性教学模式。以小组合作性活动为主要组织形式，学生针对同一学习内容彼此交互和合作，在共同完成任务的过程中，达到对学习内容的深刻理解和领悟。

制定小组任务→合作完成任务→汇报结果。学习内容包括听、说、读、写诸方面，活动形式多样化，如讨论、辩论、角色扮演等。例如，《21 世纪英文报》中有一些关于

"travel"的文章和图片。让学生根据所掌握的资料、图片做成手抄报。当然，这需要大量的信息准备工作，单靠个人的力量是不够的，可以让学生分组进行。制成的手抄报可以在课堂上进行展示，倾听别人的意见，表达自己的观点，分享共同成果。

3. 多媒体辅助教学

《21世纪英文报》利用网站资源，对学生的听、说、读、写技能训练提供帮助。每期报纸部分文章配有录音材料，读者可以登录官方网站聆听地道标准的发音。同时每周还会针对高一、高二、高三年级设置检测题，包括听力、单项选择、完形填空、阅读理解、单词拼写等高考题型。这些材料大多来源于报纸，并与课本同步。另外，对于《21世纪英文报》的听力材料、检测材料，教师可以将文章听力材料下载后，用 Real player 播放，以 PowerPoint 的形式将材料以填空、问答等形式打在投影上，供学生做听力、口语训练之用。这一教学模式可以表述为：利用网站资源—设计学习任务—设置检测项目—任务质量评价。

多媒体辅助教学有利于学生通过网络进行跨时空的交际。例如，在教授"SEFC Book 1，Unit 1 时，Basic task"就是教学生发电子邮件（E-mail）。可以结合参与《21世纪英文报》"Your words"栏目，带学生到电子阅览室，让他们登录官网，将自己的看法以 E-mail 形式发给编辑。当"What do you think of gossip?""Who do you admire the most?"等话题讨论材料变成铅字出现在《21世纪英文报》上时，学生学习英语的激情会顿时高涨，使其深切地感受到参与就能享受成功。

听力和写作一直是中国学生学习英语的难点，此模式对提高学生听力和写作能力效果显著。例如，课前老师从报纸上指定文章，学生利用网络搜索资源；课上老师播放录音，观看新闻短片；课后要求学生进行缩写、改写、听力练习等。

（二）教学过程层面的教学策略

第一，"预测—阅读—印证—交流"教学。首先，根据学生水平对报纸进行文章选取，最好能找到既适合学生水平又能激发学生兴趣的文章；其次，让学生就这一题目进行讨论和预测，同时将相关的问题做成笔记，为下一步快速阅读做准备；最后，让学生进行快速阅读，在最短的时间里了解信息构成，引导学生对这一主题印证和交流。

第二，"阅读—讨论—归纳—展示"教学。首先让学生进行阅读，泛读或精读均可；其次，指导学生对文章内容进行讨论、归纳总结，可以分组进行；最后，由小组展示归纳结论，可以采用汇报、辩论、演讲等形式。

第三，"课下泛读—课上精读"教学。教师预先布置课下泛读作业，下次课上选取一部分适合精读的文章进行学习，通过文章的阅读学习语法和词汇。

第四，"朗读—听音—讨论"教学。先让学生朗读文章，然后听录音或他人朗读，再通过讨论主题加强口语能力，培养学生独立思考、阐述自我观点的能力等。

第五，"阅读—归纳—讨论—写作"教学。此模式把阅读、口语和写作相联结。首先让学生阅读归纳总结，其次进行讨论将主题升华，最后根据讨论结果和阅读内容进行写作：读后感或者新闻题材的文章。

《21世纪英文报》设有"每周一评"栏目。文章采用议论文的写法，对学生关心的热点话题进行分析点评，点评结构清晰，论证有力，观点积极健康向上，是学生模仿议论文写作的范例。此外，报纸的第七版有传统的热点讨论话题栏目，也为学生提供了发表观点的平台。教师还可以要求学生在阅读完一些典型的篇目后，坚持写文章概要和提纲，概要一般不宜太长，字数在100～150字。教师还可以鼓励学生每天坚持做一些摘要、札记，记录一些名言警句。

（三）英语技能训练层面的教学策略

1. 辩论式英语教学

通过合理分组，积极引导，激发学生运用自己所学的英语知识和技能，围绕他们感兴趣的话题进行辩论。例如，"Your words（畅所欲言）"栏目，选择一些学生关注和感兴趣的话题，如"Is pirated music OK"（高中版，第203期）、"Do you like nicknames"（高中版，第194期）、"What do you think of gossip"（高中版，第192期）等让学生用英语展开辩论。

2. 开放式自由讨论教学

学生在读报之后，可以对文章中的某个要点谈谈自己的看法或分组进行讨论，最后由教师进行总结。其目的是培养学生的语言表达能力、创新能力以及综合能力。例如，"Should the first exam be difficult"（高中版，第195期）、"How can we save the planet"（高中版，第193期）等均可作为讨论的话题。

（四）课外活动层面的教学策略

第一，口语竞赛。例如，演讲比赛、辩论大赛等都是比较好的锻炼学生口语能力的方式。演讲比赛可以是小型的分组比赛，先对老师布置的主题进行讨论，然后选出小组代表演讲。辩论可以在对某一话题充分讨论的基础上，在小组间进行，人人都能参与。

第二，写作评比。写作评比可以促进学生的写作兴趣，可以办班级板报，也可以将经过修改后的好文章发表在报纸上。另外，还可以进行版面设计比赛，充分发挥学生的想象力与创造力，激发他们学习英语的兴趣。

第三，英语角。建立一个宽松的环境，让学生自由地说英语，自由地交谈，认识新朋友，增强交际能力。

第四，角色扮演。角色扮演的形式是多样的，例如，让学生在舞台剧、小品剧中扮演角色，给一些简单的电影画面配音，举办英语晚会、小记者采访活动等。

第四节　高中英语多模态阅读教学的策略

新课标明确指出在高中英语教学中教师应该善于运用图片、音频、视频等多种视听教学手段丰富教学内容，有效地激发学生的学习热情。在现阶段的高中英语阅读教学实践中，部分教师没有充分认识到教学方式对提高教学效果的重要性，不重视多模态教学，习惯用单一的口语模态开展英语阅读教学。

多模态教学是指人类通过视觉、听觉、触觉、嗅觉和味觉这五种感官来感知世界，通过各种感官跟外部环境之间互动的方式。在高中英语阅读教学中开展多模态教学，教师应该引导学生借助视觉、听觉、触觉等多种感官，通过图文、表格、音频、视频等多种模态组织英语阅读教学，激发学生的学习热情，提高他们的学习效率，从而提升他们的英语学科核心素养。

一、英语阅读课堂导入环节合理开展多模态教学

课堂导入是课堂教学的重要组成部分。在高中英语阅读教学课堂导入的过程中，教师应该合理地开展多模态教学，以激发学生的学习热情，提高他们的阅读积极性。

以"Unit 3 Life in the future 的"阅读教学为例，该单元主题是对未来生活的探讨，教师在课堂导入环节需要激发学生对未来的遐想，引导他们大胆地想象未来的生活，在此基础上学会运用英语表达自己的观点，以培养学生的英语语言能力。因此，教师可以开展多模态教学，引导学生讨论人类过去的交通、教育、沟通、居住、自然环境等方面的情况以及当下发生的变化。

在课堂导入环节，教师可以主要采取口语、动作、表格等多种模态开展教学。在学生讨论结束后，教师可以综合运用口语、视频等多种模态开展教学。给学生播放关于预测未来的视频，视频的内容是可以预见未来的主人公展示他对未来的预测。学生观看完视频后，教师可以向学生提问："同学们，如果你可以预见未来，你会预测到怎样的未来？"引导学生针对这个问题展开自由的讨论，以激发学生对未来的兴趣，启发学生思考，培养他们的英语思维，顺利导入新课。

又如，在教学"The acropolis now"时，教师在课堂导入环节应该先给学生展示事先收集到的图片，给学生讲解图片中的内容，并结合课文内容向学生提问，从而激发学生的学习兴趣。在讲解课文中的新词时，教师可以结合具体的语境，以思维导图的方式呈现，引导学生猜测这些单词的含义和文化背景，培养他们的文化品格。在此基础上，教师再指导学生进行相应的单词填空练习，激活他们头脑中已学过的知识，帮助他们结合已有的知识学习新知识。在这个过程中，教师运用口语、文字、图片等多种模态教学，可给学生提供视觉、听觉等多种感官刺激，有效激发他们的学习热情，有助于提高课堂导入效果。

二、高中英语阅读内容环节合理开展多模态教学

在高中英语阅读教学中，重要内容教学环节的主要任务是讲解重要英语知识点。为了帮助学生更加高效地理解和掌握重要的英语知识点，教师应合理地运用多种模态开展教学。以"Unit 3 Life in the future"的阅读教学为例，教师可以合理运用口语、图片、视频等多种模态开展教学。

第一，教师可以通过提问的方式要求学生列举当前人类面临的各种问题，同时让学生观看关于这些问题的图片、视频，以启发学生思考。在此基础上，教师还可以要求学生结合课文题目和内容对课文中探讨的问题展开预测。

第二，教师依然可以通过提问的方式引导学生思考问题，例如，给学生播放课文的音频，利用演示文稿软件（PPT）展示学生需要探讨的问题，引导他们带着问题跟着音频朗读课文。在这个过程中，教师需要综合运用文字、音频等多种模态。

第三，教师可以利用PPT等工具展示课本中重要的知识点，并在黑板上书写学生应该重点关注的知识点，引起学生的注意。例如，在讲解重要知识点take up时，教师可以在黑板上写出和take有关的一些短语，列举take up短语的例句。同时，教师还可以利用PPT中的字体设计功能来突出学生需要重点学习的知识，帮助学生掌握学习的重点，提高学习效率。

三、英语阅读练习课合理开展多模态教学

阅读练习课的教学任务是组织学生开展练习，给学生讲解练习。练习课的教学不需要进行课堂导入，而是直接进入练习环节。

在阅读练习课中，学生们需要完成的练习题型主要是包括阅读理解、完形填空、语法填空、纠错等。教师在开展阅读练习课教学时也可以运用多模态。针对多数学生很难理解的知识，教师可以通过口头讲解的方式来进行详解。针对简单的知识，教师可以组织学生开展讨论，让学生自己总结归纳。例如，在组织学生开展"Unit 3 Life in the future"的阅读理解练习时，教师可以运用口语、动作、文字、表情、黑板等多种模态。在开展"Unit 3 Life in the future"的完形填空练习时，教师可以针对学生难以掌握的单词开展口头讲解，然后在黑板上写下来，再让学生用笔记录。对学生难以理解的单词，教师可以运用表情、动作等多种模态进行讲解。

综上所述，合理运用多模态可以有效地增强学生的多感官体验，使他们可以从多个渠道获得信息，理解知识，从而获得更好的学习效果。相比单模态教学，多模态教学可以更加有效地激发学生的学习兴趣，加深他们对知识的理解和记忆。因此，在高中英语阅读教学中，教师应该合理地运用多模态，提高教学的形象性和多样性，改善教学环境，提高教学质量，完善教学目标，使学生的英语阅读能力不断提升，有效培养学生的英语学科核心素养。

第五章 高中英语课堂的写作教学策略

第一节 英语记叙文与说明文的写作教学策略

一、英语记叙文的写作教学策略

记叙文是以叙事为主要的表达方式，以记叙自身或他人发生的事情或经历为主要内容的一种文体。记叙文一般用时间顺序组织，通过记叙生动形象的事件反映生活，表达作者的思想感情。文章的中心思想蕴含在具体的材料中，通过对人或事生动的记叙和描写来表现。"在中学英语教学中，英语写作是最重要的部分之一，因此提高英语写作能力已经成为英语教学的重要任务"①。

记叙文写作教学的要点主要有以下几个方面。

（1）围绕记叙的主题。记叙文的主题是文章的"核心"。写记叙文应紧扣主题，特别是题目中呈现主题的关键词，并围绕主题选材和组织文章内容选材时要挑选那些最能凸显主题、对作者来说重要、有意义和有感触的材料，这样才能使文章不偏离中心，表达作者的真情实感，打动读者。

（2）涵盖记叙文写作的要素。记叙文写作包含以下基本要素：叙事背景（时间、地点、人物）、叙事人称（第一人称或第三人称）、情节（开端、发展、高潮、结尾）以及叙事顺序（顺叙、倒叙、插叙）。记叙文必须有一个主要事件作为"主线"，所有的细节都应该围绕这条"主线"组织并为其服务。

（3）运用细节使记叙生动。记叙文写作应避免平铺直叙。如果只是将记叙的事件进行——简单罗列，文章就会显得平淡而缺乏吸引力。在记叙过程中可以通过对人物、场景、

---

① 孟佳. 运用过程写作法提高中学英语记叙文写作技巧［J］. 新教育时代电子杂志（教师版），2020（41）：103.

对话、情感和心理活动等细节的描写以及设置悬念等修辞手法的渲染、烘托记叙的事件，使文章更加生动。

（4）记叙中升华主题。可以在记叙的基础上揭示、挖掘和提炼事件内在的深刻意义，发表感想或说明道理，实现主题的升华。

二、英语说明文的写作教学策略

说明文是一种以说明为主要表达方式的文章体裁。它通过对实体事物的科学解说，对客观事物做出说明或对抽象事理进行阐释。说明文具有内容基于事实、逻辑清晰、语言客观简洁等特点。在说明文写作中，常用的手法有定义法、类比与对比法、过程分析法和因果分析法等。不同于描写文主要写外观和情感，记叙文主要写事件和经历，议论文主要在于"说服"，说明文所涉及的主要是阐述过程和关系。

说明文写作教学的要点主要有以下几个方面。

（1）明确说明的目的与对象。说明文通过解释、介绍、阐述事物或事理的方式给人知识和信息，教人应用，帮助人们准确认识客观事物。针对说明的目的，被说明的对象不可太大也不可过多，说清楚是关键。

（2）遵循逻辑顺序的内容组织。说明文中阐述的观点和事例应根据主题的性质，按逻辑顺序、时间顺序、空间顺序或认识顺序排列，条理要清楚，符合人们学习和掌握科学知识和有价值信息的认识规律。

（3）基于事实的详细说明。说明内容要实事求是，准确无误，要提供足够的实例和细节，将难以理解的抽象概念和需要解释探讨的各种问题说清楚。

（4）简洁、客观、清晰的语言表述。在说明文写作中，语言要准确清晰，简洁明了，避免用华而不实的辞藻或含混不清的表述。

第二节　英语议论文与应用文的写作教学策略

一、英语议论文的写作教学策略

议论是语言表达方式中常见的一种，它要求论点明确、论据充分、论证周密。议论是一种评析、论理的表述法。一段或一篇完整的议论，通常由论点、论据和论证三要素组成。议论的特点是用说理的办法，以案例、事实、数据等形式，直接对客观事物进行分析、评论、表述观点，去影响和说服他人。

议论文是以议论为主，作者直接阐明自己的观点和主张的常用文体。它不同于记叙文以形象生动的记叙来间接地表达作者的思想感情，以事感人，也不同于说明文侧重于介绍或解释事物的形状、性质、成因、功能等，以知授人，议论文则是以理服人。

议论文写作教学的要点主要有以下几个方面。

（1）论据充分可靠。一般以事实、数据、案例等为论据，也可以利用谚语、格言等作为论据。

（2）论点鲜明确切。论点是作者对所论述问题的见解和主张，是议论文的灵魂。一篇议论文通常有一个中心论点，当然有的议论文还会围绕中心论点提出几个分论点，用来补充和证明中心论点。论点一般是在开头提出，然后加以论证。注意提出的论点一定要鲜明而确切，是作者看法的完整陈述。

（3）论证严密得法。议论文中的论点和论据是通过论证组织起来的。论证是运用论据来证明论点的过程和方法，是论点和论据之间逻辑关系的纽带。

二、英语应用文的写作教学策略

应用文是人们在生活、学习、工作中为处理实际事务而进行的写作。应用文通常有特定的读者，并有惯用的格式。应用文写作是为了公务或个人事务而写，用于解决实际问题的，被广泛地应用于日常生活中，具有其特别的实用意义。

英语应用文种类繁多。针对高中英语教学的实际情况，本章介绍日常生活与学习中经常使用的几种应用文，包括信件、日记、通知、新闻、个人陈述、广告及海报等。在内容的编排上也根据学生对各类文体掌握程度的不同而有所侧重。

应用文写作教学的要点主要有以下几个方面。

（1）写作目的明确。应用文不是供人审美或欣赏的文体，而是在生活、学习中运用，起到一定功能，达到一定目的的文体。应用文是为实现特定目的服务的，如告知、道歉、邀请、陈述等，其写作动因与目的十分明确。

（2）语言表达得体。应用文的文本形式有特定要求，讲究规范。在实际写作中，不同种类的应用文对于语言表达都有着特定的要求，应根据不同的读者和内容使用相应的语言。

（3）格式体例规范。应用文有固定的通用格式和体例，体现了该文体的规范性和严肃性，在应用文写作时必须遵守格式体例的要求。譬如，英语信件通常是由信头、日期、称呼、信件主体、结尾敬语、署名等构成；日记的格式通常包括书端（注明日期、天气等）和正文；个人陈述的格式和通知的格式也是完全不同的。

第三节　英语课堂教学中以读促写的教学策略

一、英语课堂教学中以读促写教学的重要性

第一，通过"阅读"的输入，搭建"写作"的基础。在学生心目中，写的能力是重要的，但由于"不会写"进而"怕写"，因此对于写作的畏难情绪愈加强烈，让学生无法爱上写作。但是，写作能力的培养并不是通过模仿几篇范文就能达成的。

第二，通过读写结合培养学生写的习惯。很多学生平时缺少写的习惯，这也使他们觉得"写"是考试要求，是一种负担。而教师对于写作的教学和评价方法，也让学生无法体验到"写"的快乐。在课堂教学中进行写作训练时，它不是作文教学的全部。写作也是理想、情感的表达与交流。所以，通过阅读来激发学生表达自己想法的意愿，而后落到笔头，这样常态化的写作训练应与日常的教学相结合，从而让学生养成"写"的习惯。

二、英语课堂教学中以读促写的教学方法

（一）任务教学法

任务教学法是近年来比较受推崇的写作教学法，指的是在课堂教学中通过学生和教师共同完成某些任务，使二语学习者自然地学习、习得语言，扩展交际语体系以及促进外语学习的进步。任务教学法以苏联心理语言学家维果茨基及其追随者关于语言和学习的理论为基础，强调学习的社会性以及教师和同伴对促进个人学习所起的重要作用。文化知识的获得首先是人们相互作用的结果，然后变为自己的知识，其理论体现了认知和语言的发展顺序，强调学习的社会性和人们的相互作用。他的这种将心理、社会和语言相结合的理论，为任务教学法提供了理论基础，并对语言教学有着重要的启示，即个体是在社会交往、相互作用中发现、学习、掌握和运用知识的。

（二）体裁教学法

由于结果教学法和过程写作法的不全面，有专家、学者开始探究文章的体裁。于是，在 20 世纪 80 年代，建立在语篇体裁分析基础上的体裁教学法开始在美国、澳大利亚、新加坡等国家盛行。使用这种教学方式具有三个方面的作用：一是可以帮助学生掌握不同体裁的语篇所具有的不同交际目的和篇章结构；二是帮助学生认识语篇不只是一种语言建构，也是一种社会的意义建构；三是可以指引学生既掌握语篇的图式结构，又了解语篇的建构过程，从而帮助学生理解并撰写出属于某一体裁的语篇。

（三）过程教学法

过程教学法不仅看重写作的结果，还看重整个写作的过程。这种教学法的理论基础是认知理论和交际理论。其中，认知理论将写作过程视为一种复杂的心理认知过程和语言交际过程；交际理论认为，写作过程实质上是一种群体间的交际活动，而不是写作者的单独行为。所以，依据这种教学方法，教师在写作过程中只是起到了辅助的作用。教学活动的目标是关注整个写作的过程。教师不再只是关注语言的正确性，而是帮助学生制订计划、寻找素材、撰写草稿、编辑修改，通过这样的过程性写作来培养学生的写作能力。过程性写作一般采用较多的是 Tribble 的四阶段教学模式，即写前准备、写作阶段、修改阶段和编辑（润色）阶段。

过程教学法注重了写作构思编辑的环节，更注重对学生写作技巧的培养。教学活动也是以学生为本，调动了学生的积极性，发挥了学生的创造性，注重了生生、师生间的交流。

（四）内容教学法

内容教学法出现在 20 世纪 80 年代中期，以奥苏泊尔的"认知同化论"为理论基础，依托课程内容进行外语教学。该理论在很早的时候就已提出，在语言教学中应该充分利用并通过语言所承载的内容来教授语言知识，语言学习与内容学习互相结合，内容与语言不分家。同时，他认为内容教学法是特定内容与语言教学目标的融合，是理论学科内容与二语技能共存的教学。二语习得理论突出语言习得需要依靠可理解的、有意义的输入。二语学习者应把注意力集中在语言的意义上面，而并不只是语言的形式上面。在第二语言课堂上，教学的重点应专注于意义，而非语言形式。采用内容型教学法的人多是把语言看成一个载体，通过这个载体来习得课程内容，而不是把目的语看成学习的直接目标，它强调提升学科知识与语言能力两方面的学习。通过内容教学法，学生在以语言为工具获得知识的同时，还可以提高语言技能。

内容教学法主张学生的自主性和创造性，写作教学既重视学生原有认知结构的作用，又重视写作材料本身的内在逻辑关系。但是，该教学法对目标语掌握欠佳，旧知识结构不太完善，所以对写作前准备不充分的学生效果不明显。

（五）结果教学法

结果教学法又称为"成果教学法"，出现在 20 世纪 60 年代之前，是我国在很长一段时间内采用的主要写作教学方法。这种理论以行为主义理论为基础，认为教学的过程就是教师给予刺激，学生做出反应的过程。因此，采用这种教学方法的课堂往往是以教师为中心，教师控制着整个教学过程，学生被动地接受。结果教学法的重点是在最终的写作成品上，认为写作与语言知识有关。教师主要强调的是语言的正确性、文章的结构和质量，因此教师在教学中主要关注词汇、句法和衔接手段的正确使用。结果教学法的教学模式一般分为四个步骤：首先，教师选取一篇结构形式比较完美的范文进行分析讲解，重点是文章的修辞和结构；其次，就某些句式进行训练，指导学生写段落；再次，教师给出一个相似的题目，让学生模仿范文，写出一篇近似完美的文章；最后，教师进行批改，让学生订正。评判文章的主要依据是文章的修辞手法以及语言使用是否正确。结果教学法虽然强调了写作中的语言知识，从仿写出发，操作简单，容易让学生有成就感，也提高了应试写作水平。但是，在整个过程都在教师的控制中，忽视了学生已有的知识水平，也没有重视写前构思等写作技巧，缺少创造空间，不利于学生写作能力的培养。

第四节　英语课堂写作教学策略的多元应用策略

一、英语课堂写作教学及其策略应用

（一）英语课堂写作教学分析

1. 新课标中的英语写作要求

从宏观角度而言，英语写作教学可以培养学生的英语思维，提高学生综合运用英语的能力；从微观角度而言，高中英语写作教学能够影响学生的英语成绩。由此可见，高中英语写作教学可谓是意义重大。

第一，影响学生的英语成绩。高中英语新课程标准要求学生能独立起草简单的报告，能根据图片编写简短的故事，能将课文改编为短剧，能用恰当的语言简单地写便条、信函和问候卡，能描述人物或事件，并能写出语义连贯、结构完整的短文，叙述事情或表达观点和态度。这既是英语写作教学的学科要求，也是影响学生英语成绩的重要因素。

第二，培养学生的英语思维。目前，学生多是用汉语思维，而写作教学重点在培养学生的英语思维。通过长期的写作教学训练，学生会在英语书面表达与口语表达中摒弃固有的汉语思维，逐渐学会用英语去思考与表达。

第三，提高学生的英语综合运用能力。英语写作教学涉及丰富的英语知识，培养学生地道的英语思维、熟练的英语表达及较强的谋篇布局能力，这对于提高学生综合运用英语的能力大有裨益。

2. 学生英语写作存在的问题

对于高中生而言，英语写作是一项很难掌握的语言技能。高中学生在英语写作中存在的问题主要有以下几个方面。

第一，心理负担重。不少学生认为英语写作难。一方面，提高写作技能费时多、见效慢；另一方面，学生在写作过程中常因缺少词语和基本写作技能而感到困惑。相当一部分学生出现畏难情绪，进而会产生信心不足的心态。他们不积极主动地配合教师搞好写作训练，反而产生逆反心理，这样就严重地影响了他们练习写作的动力和信心。

第二，写作基础薄弱。写作基础主要是指遣词造句的基本功。在这方面，学生最为突出的问题是词汇贫乏。为数不少的学生在需要用文字表达时感到力不从心，写出来的句子常常令人费解。此外，其他的语言错误、语法错误、单词拼写和标点符号方面的错误也比比皆是。这种语言表达手法的贫乏和错误反映出学生掌握的常用词汇量太少，灵活运用英语句式的能力较差。

第三，写作内容匮乏。从平时的练习和考试来看，大部分学生所写的作文内容贫乏，思路不开阔。这反映出他们思想不活跃，缺乏对现象的观察与思考，往往又由于思路阻塞、懒于思考，在写作时所用的词语自然是最简单、最保险的词，因此所写内容单调、平淡。有些学生的作文甚至是空话连篇，显得词穷语尽、苍白无力，没有实际的内容。

（二）英语课堂写作教学策略应用

1. 克服学生厌烦写作的心理

写作是高中英语教学的重要组成部分，是检验学生书面交际能力的一个有效途径。可是，对许多高中学生而言，如何克服学生这种厌烦心理，提高他们的写作能力，就要让同学们写出符合题意、行文连贯的作文是广大英语教师不可推卸的责任。可见，应该从基础的词汇、短语着手，逐步加大难度到句子，从而逐步培养学生的写作兴趣，让学生不再厌恶作文，写出比较切题的短文。

（1）务实基础，从课本着手。基本的词汇、语法及句型都是来源于课本。在进行词汇教学中，讲清每个词的意义、用法和习惯搭配，并给出例句以便课下记忆，这种记忆是反复记忆，课下得多花时间。词汇和短语搭配记忆准确与否，对于这类同学至关重要。只有把基础的东西熟记于心，才能过渡到句型。至于句型和语法，本书认为，许多课本上的句子都是很好的素材，在教学中加强这些例句的练习与记忆，就可以起到事半功倍的效果。

（2）掌握写作技巧。首先，仔细审题，厘清写作目的，确定体裁格式、时态、中心人物和内容要点；其次，围绕中心列出提纲和主题句，一定要避免与中心无关紧要的内容。有了框架之后，用最恰当熟练的短语、句型把要表达的意思逐句表达出来，切忌用汉译英的方式进行。写作根据需要把文章分成几个段落，尽量多用简单句以及个别有把握的复合句。在完成后，不能忽视检查，要仔细检查时态的前后呼应、人称与动词的变化、单词的拼写、标点符号、规定字数等，避免出现错误。在写作过程中，灵活运用各种句型。尽量多使用日常积累的句型，使语句连贯流畅。切记，不要根据提示逐句翻译和汉式英语。还要注意的是，文章的开头和结尾部分都是非常重要的地方，所以这两部分应该多花时间进行雕琢。另外，合理地运用关联词。在一篇好的作文中，句与句的衔接一定是很精彩的，所以要求学生掌握各种类型的关联词非常重要。

（3）评讲典型错误的案例。在批改作文时教师会发现，许多学生都会出现相同的错误，如语法、短语搭配、汉式英语等，而这些错误是很多学生都会犯的。对于一些共同性错误，尤其是语言、文化上的评讲，是帮助学生避免汉语式表达，逐渐走向地道英语的方法之一。针对这种现象，可挑选一些具有代表性错误的例文，让学生们集体讨论并纠正错误，尽量让学生自己把作文修改正确，在修改完之后再让学生把改后的文章整理出来。这样集体订正的做法，不但节省了教师的时间，还加深了学生的记忆，避免了教师与学生的直接交流，维护了学生的自尊。

（4）背诵范文，进行参考。在学习中，很多资料上都会有一些优秀的例文，这些例文学生可以经常朗诵并背诵下来。此外，班上同学的一些优秀作文也可以背诵。多记忆一些优秀范文，不但语感会增强，同时也会巩固一些句型和词组。通过背诵，让同学们头脑中有内容，在遇到作文时就不会感觉头脑空空、无话可说。在写作课上，让学生们先写，在完成之后再把自己的作文与例文进行比较，借鉴别人的写作方法和技巧，再仿写一篇作文。仿写不单单可以从内容上仿写，在选材、修辞上都可以。实践证明，仿写能使学生有样板、有目的，是行之有效的方法之一。

根据以上四个方面，在教学过程中让学生进行长期反复练习，培养学生的写作兴趣，逐步写出比较符合题意且行文连贯的作文。当然，写作能力的培养与提高，仅靠这些做法是不够的，还要通过大量的反复练习才能提高写作水平。只要在教与学两个方面不断地探索，循序渐进，持之以恒，激励学生，充分发挥学生的主观能动性，创造和谐的语言学习环境，就一定能促进学生写作能力不同程度的提高。

2. 以学生为本创新英语写作方法

英语写作过程实际上是运用已经学会的语言知识传达自身思想的过程。学生一定要有大量的知识储备，才能恰当地运用语言，做好篇章结构的调整、词句美化和写作技巧的运用。

（1）掌握重点知识。

第一，写作能力的形成与提升一定要按部就班，从易到难、循序渐进。教师需要注重学生写作基础的培养，以词汇为起点。词汇是作文的根本，词语缺乏、用词单一是大部分学生英语写作中存在的问题。用词丰富而准确是写出标准英语作文的基本要求。学生想要表达自己的思想，一定要掌握充足的单词量，要增加单词的数量，最容易的方式是识记与背诵。教师在平时课堂教学中可采用"听写—造句"的方式让学生记单词。听写不但可以练听力，还能够练书写。

第二，学生要想快速地写出满意的作文，就应多读、多背现成的句子，如谚语、俗语，这些在写作中具有着画龙点睛的作用。另外，学生还应该增加课外阅读量，抄录、背诵大量常见、标准和适用的句子，用来储备写作材料，这样在写作时就能够"下笔如有神"。

第三，做好基本句式的翻译训练以及种种时态的正确使用。单句翻译能够训练学生活用已掌握的短语与单词，是英语写作的前提。一个单句翻译都会出现错误的学生是不会写出好作文的。在这方面，教师可采用单句翻译训练的方式来提高学生的造句水平，并使学生学会准确运用种种时态。

（2）掌握写作技巧。

第一，认真审题，理解要求。学生对于题干所给出的内容一定要仔细研究，弄懂到底是要表达什么，把给出的汉语信息多看几遍，充分把握要求，还要把所给出的信息和要求再次加以调整重组，让它变得更加明朗，再选择合适的角度开始写作。

第二，明确主题，选准要点。高考英语写作有个特征，即需要考生表达的内容在题干里已经说得很明白，要学生在写作时找准所有要点，梳理脉络，按要求作答，不能遗漏要点。

第三，活学活用，表述得当。英语写作不是汉英直译，相比之下汉译英有着很大的活动性。学生在写作时千万避免拘泥于对写作素材展开生硬的翻译，需要活学活用，把主题委婉地表达出来。

第四，细心检查，慎重修改。当作文完成时，学生需要细心检查，也可以同桌互换检查，然后交给教师批阅。在检查时应注重以下内容：体裁、格式是不是合理；要点是不是有所疏漏；时态、语态和主谓是不是恰当；单复数变化是不是存在错误；单个句子成分是不是完备；单词书写是不是存在错误；字数是不是符合要求等。

二、混合式学习的写长法在英语课堂写作教学中应用策略

"写长法"的基本思路是以设计激发学生真情实感和写作冲动的写作任务为教学重点，通过调节作文的长度要求，逐步加大写作量，促使学生突破外语学习的极限，获取学习成就感，提高自信心，将外语知识加速转换成外语运用能力。简而言之，"写长法"是用写的方式来提升外语学习的方法，该方法从提高学生自信心入手，通过设计适当的写作任务，促使学生在表达真实情感的过程中，逐渐加大写作量，从而提高英语写作的能力。

为了使学生更好地接受写长法，教师必须在课程实施过程中为学生提供合适的写作主题。需要注意的是，在写作的过程中有必要减少学生的紧张感。这个主题必须是与学生的日常生活息息相关，以激发他们的兴趣并让他们有内容写作。因此，精心安排的写作任务可以激发学生的写作热情。如果学生对这个主题感兴趣，那么他们就能够自由地写作。更重要的是，与他们的经历或适合他们的年龄特征相关的写作任务更容易被他们接受。总而言之，教师在使用写长法时应注意编写任务设计。

另外，需要将教学模式从以教师为中心转变为以学习者为中心。以学习者为中心的教学模式一直被提倡，与传统教学模式不同，混合式学习的写长法要求以学习者为中心的教

学模式，老师需要专注于激发学生的写作兴趣和激情。因此，教师必须将自己的职能定位于教学中，将教学模式从以教师为中心转变为以学习者为中心，学生应积极参与课堂，以充分发挥其主导作用。

在混合式学习的写长法中，需要培养学生对英语写作的自信心。自信是语言习得的重要元素，教师应该通过控制评论来培养学生的学习兴趣。适当的反馈可以让学生感到舒适，并使他们获得成就感，从而激励学生更好地学习。符合这一陈述，混合式学习的写长法满足学生的情感需求，旨在通过鼓励他们勇敢自由地写作来提高他们的写作能力。采取这一措施，"教师应更加注重表扬学生，以满足他们内在的情感需求，提高他们的英语写作的表现"①。

---

① 石雪莲. 长法在高中英语写作教学中的应用研究 [J]. 农家参谋，2019（8）：276.

第六章 高中英语课堂教学的创新策略

第一节 高中英语个性化的教学策略

一、培养英语教师个性化教学观念

个性化教学不仅是一种学习方式和方法，也是一种教育理念，它是指教师在教学活动中针对一个既定的教学目标，最充分地发展每个学生的个性。同时，运用多种教学方式和教学手段实施教学，满足不同学生的需求。与传统教学模式不同的是，个性化教学是以学生为中心的，教师只起到辅助的作用，让学生在学习过程中根据每个个体的特点去选择适合自己的学习资源与所需的内容。教师在这个过程中必须随时为学生提出指导与建议。因此，个性化教学是以多种方法与形式来促进每个学生个性化的学和教师个性化的教相统一。

理念是行动的先导，对于高中英语教师而言，要在实践之中贯彻和实施个性化的教学，首先必须转变自己的教学观念，更新自己的教学理念。在传统的高中英语教学中，学生被动地接受知识，并服从于教师的一切安排，不利于学生的个性化发展。新课改下，要求教学观念转变，教师应该树立为学生服务的理念，尊重学生的个性化发展，培养学生的自主创新能力。现代教育理念日新月异，个性化教学的内涵也极为丰富，对高中英语教师而言，最为重要的理念更新，应该是明确个性化教学的基本价值和主要特征。

（一）重视个性化教学的价值追求

简而言之，个性化教学是指教师以个性化的教为手段，满足学生个性化的学，并促进个体人格健康发展的教学活动。这一教学活动至少包括以下两个方面的价值追求。

1. 实现教师个性化教学

时代的发展，赋予了教师更多的社会职责，从知识和经验的传授者到社会品德教育的实施者，再到"教师作为研究者"。而现实的教学实践中，教师往往受限于现实教学的条件，很难同时与一个班级的几十名学生展开对话，更何况在教育界还存在着很多非教育性的社会因素，影响着教师教学的展开。当前教学改革的重要任务便是解放教师的个性，减轻教师在教学以外的负担，使教师会教、乐教，并实现创造性地教。

第一，教师要会教。传道、授业、解惑是自古以来赋予教师的基本职责。"传好道，授好业，解好惑"既是每一位教师的职责，也是每一位教师实现个性化教学的第一步。教学既是一门艺术，也是一门科学。使每一位教师学会教学本身就是很困难的，这既要考虑到教师的个性特征、人格体验，又要考虑到教师的知识掌握及专业技能。如果教师的作用仍旧局限于做知识、经验的传授者，显然是不符合社会发展需要的。现代社会更多地要求教师作为引导者，教会学生学习。

第二，教师要乐教。要求教师做到"乐于传道、乐于授业、乐于解惑"。而乐教的本质就是最大限度地发挥教师的主观能动性，激发教师的教学热情。教师的教学热情不仅和学生的学业成绩呈正相关关系，也直接影响着学校领导、学科专家对教师工作的认可。同时对学生而言，教师具有着更多的社会角色，因此，其个性也就相应地更易被压抑。所以，解放教师的个性、减轻教师的负担、准确定位教师的职责是实现教师乐教的关键所在。

第三，教师要创造性地教。这是实现个性化教学的关键所在，它要求教师做到创造性地"传道、授业、解惑"。教师要求学生具有创造意识，首先自己应具有创造意识；而不是因循守旧，不思进取。教师要求学生具有创造性思维，首先自己应具有创造性思维，而不是唯书唯上，封闭保守。教师要求学生参加创造性的活动，首先自己应该投身到各种创造活动中去。因此，教师实现创造性地教可使课堂焕发出生命的活力。

2. 满足学生个性化学习

教学是由教师的教和学生的学所构成的，教是影响学生学的重要条件之一，但学生不用教也能学，即使教师在教，倘若学生不予以注意或知识储备不足，教也不一定导致学。因此，以学生的个别差异为基础，尊重学生的正当需要与兴趣，使学生会学、乐学，实现学生创造性地学是个性化教学的使命。

（1）学生要会学。人们把教学生学会学习看成教育面向未来的对策之一。未来社会要求人们必须具有一种独特的个性，善于创造，敢于迎接各种各样的挑战。为此，在教学过程中必须从当代的大教育观出发，培养学生的自学能力，使他们学会学习。

（2）学生要乐学。乐学是学生进入以学习为乐的境界，但"乐"的标准和尺度却是因人而异的，只有让学生了解自己的需要、兴趣，解放并发挥自己的个性，才能使每一个学生在自身能力许可的条件下实现自己的乐学。

（3）学生要创造性地学。创造性地学既是指学习本身需要不断地创新，又指学习的目的是不断地创新，它是个性化学的根本目标。它既要求学生必须具备良好的心理素质、知识结构，又要求教师在教学过程中了解学生的学习概况，消除妨碍学生进行创造性学习的心理障碍，使学生在创造性学习中更好地施展创造才能，发挥创造力。

（二）明确个性化教学的重要特性

个性化教学与传统的"去个性"教学相比，具有自己鲜明的个性特征，具体如下。

1. 主体性

个性化教学的主体不仅仅是学生，如果从广义的范畴讲，教学的主体包括了所有的施教者和受教者；单从狭义的范畴即课堂教学来看，其主体也必须是包括教师和学生。近年来，在讨论教师与学生及其关系上，大部分的说法是"教师主导，学生主体"。但实际上，教师没有主导好，学生的主体地位也没有稳固好，究其原因就是教师与学生的个性都没有得以充分地展现。在理论上，教师固然在教学的过程中发挥着主导作用，但在实际的教学工作中，这种作用的发挥在很大程度上受制于教育行政制度、教育评价作用及社会压力等教育因素。

个性化教学要重视教师与学生的双主体，表现在教学过程就是教师与学生的自主活动、创造活动，这种活动能引起教师与学生积极主动的反应，从而使个性得到积极主动的发展。此外，主体性来自自我教育，学校必须把教育的对象变成自己教育自己的主体，使学生学会学习，将已有的主体性发展到新的水平。

2. 民主性

个性化教学是真正的民主化教学，在整个的个性化教学的过程中，民主性是其前提和保障。

（1）个性化教学在本质上是为受教育者提供适合其特点的教育，让其充分、和谐、自由地发展。个性化正是在个人特点基础上展开的，以适应并促进个性发展的方式，实现具有完善个性的人的培养。个性化教学作为适合个人特点的教学与让所有的学生接受统一教育的教学相比，更具有民主性的色彩。

（2）教学的民主性还体现在民主的师生关系上，个性化教学倡导的是一种民主型的"互尊互爱"的师生关系。"互尊"是把教师当成可敬可爱、可圈可点、有血有肉、可以互相探讨的人；"互尊"才能让学生从一个无论何时何地都是被"传道"、被"授业"、被"解惑"的角色，变为有主观能动性、有独立"启疑"能力的人。"吾爱吾师，吾更爱真理"正是对"互爱"的最好诠释。有了"互爱"，学生才能有"追求真理"的勇气，才能杜绝斗争式的"反叛"行径。"互尊互爱"的新型师生关系，是师生双方在"教"与"学"的相生相克关系中，在"人"与"角色"相辅相成的关系中，行使各自的权利和义务的基础。

3. 和谐性

人们强调尊重个性、实施个性化教学、培养创造性是建立在德、智、体全面发展的教育方针基础之上的，不是对所有的个性都加以肯定的，而是要帮助个体发展优良的个性品质，抑制和克服不良的个性和特点，使教师与学生的个性都得到和谐发展。同时全面发展和个性发展是辩证统一的，个性发展是全面发展的核心，全面发展又是个性发展的基础，它不等于个体的各方面平均发展，而是在各方面都达到基本要求并形成和谐有机的发展。但需要进一步明确指出的是，社会性是个性的本质特征，它反映着个性的社会特征，从本质上说个性是一切社会关系的综合，每一个时代、每一个社会和民族都在造就着属于自身那个时代、社会和民族的个性。所以，个体的个性与社会需求的和谐是最重要的和谐。

对于教师而言，理念的更新和观念的改变是任何教育教学行为改革的先导，教师只有对个性化教学的基本价值和基本特征做到心中有数，才能够进一步认识到在教学中实施个性化教学的重要意义，也才能够真正在教学过程中认真思考和设计个性化的教学方法，促进学生的个性化成长。

二、制定英语个性化教学目标

作为教学实践的逻辑起点，教学目标贯穿于教学活动的全过程，规定着教学活动的方向及进程。然而，在现实的教学活动中，教学目标往往消解了学生的主体地位，忽略了学生的个体差异，"同班学生、同一时间、同样目标"的这种统一化、同质化的教学目标普遍存在。教师在制定教学目标时，多是从抽象的角度出发，提出一个或一系列一般性的、整体性的要求，没有具体考虑到学生个体之间的差异，即在事实上形成了对学生"具体个人"的忽视，没有把学生作为课堂教学目标达成的主体，而是把教师作为课堂教学目标达成的主体。因此，个性化教学目标，即在尊重学生个体差异的基础上，通过师生对话所生成的教学活动实施方向与预期结果。

（一）英语个性化教学目标实现的基础性条件

对于英语课堂教学而言，设计个性化的教学目标通常需要以下三个基础性条件。

第一，厘清课程，个性化教学目标设计在于引导师生教学活动的实施，然而这种实施仍须是建立在共同的现实载体——课程上。因此，厘清课程理当成为目标生成的前提，其核心在于教师要通过课程本质的科学定位、课程内容的合理解读，从而形成学科教学目标生成的逻辑基础。

第二，熟悉学生，个性化教学目标的宗旨在于引领所有学生全面、和谐的发展，这种发展势必应充分凸显学生在教学活动中的主体性价值。因此，熟悉学生则成为教学目标生成的关键，其要领在于教师要通过对学生年龄特征的理解、学生个体差异的关怀，形成学科教学目标生成的心理基础。

第三，理论选择，个性化教学目标设计必须保证其科学性、适切性与有效性，这就需要充分的理论研究成果的支撑。因此，理论选择则成为教学目标生成的保障，教师要关注教学目标的经典理论与最新成果，并将理论成果转化为自身的知识与信念，从而为教学目标生成做好技术准备。

（二）英语个性化教学目标的生成途径

高中生在学习能力、英语基础、个性等各个方面都存在着差异性，并且养成的学习习惯、学习动机也不尽相同。在具体的教学过程中，教师应该根据学生的这些特征，将学生分为不同的层次，如优等生、中等生以及学困生。教师在备课过程中，应该在教学大纲的基础上，根据学生差异性，制定出有差异的教学目标。对于优等生而言，不仅要求其能够掌握相关的基础知识，还需要对其英语应用能力进行培养，在学习过程中更加强调学生自主创新能力的培养；对中等生而言，目标应该是在掌握基础知识的同时，能够在教师或优等生的帮助下，学会自主学习；对学困生而言，应强调基础学习，要求学生能够掌握基础知识，包括英语句型、语法、词汇等。通过个性化、分层次的教学目标，可以让不同层次的学生在学习过程中体会到完成教学任务的喜悦，能够增强学生的自信心，为学生提供更加强大的英语学习动力。

具体而言，高中英语课堂教学的过程中，教师可以从以下三个方面着手，设计个性化的教学目标。

1. 分析学生差异

学生是有个性的、有差异的。要让每个学生都得到良好的发展，就得先承认学生有差异、有个性，并以此作为教育工作的出发点和最终目标。例如，高中英语阅读教学，在熟练掌握教材内容和课程标准基础上，针对教学的每一环节，可以设立基础目标和提高目标。在预习中，要求各层次的学生紧扣自己的目标但又不拘泥于目标，充分发挥发散思维能力，不仅可以解决目标性教学问题，也可以解决教学目标之外的疑点。

2. 分析教学进度

教师在教学目标制定的过程中，既要考虑英语基础知识和运用能力的目标，也要考虑学习策略和情感目标。教师在课堂上要及时调整自己的教学目标。其实，"三维"教学目标（知识与技能、过程与方法、情感态度与价值观）是实现教学的一个依据，但并不是说每一节课都要去实现"三维"目标。教学类型、教学内容、教学实现的方法不同，所能达成的目标也不同。因此，教师还是要创造性地去使用课标，理性地去分析教材，合理地确定每个学期、每个单元以及每节课的具体目标。

3. 关注学生成长

关注每个学生的发展，重视个体差异，承认每个学生的知识结构、理解能力、经验或经历上存在的差异。关注学生个体差异，设计目标时要制定高低难易不同的层次。教师不能随意增加或者降低课程难度，而应使教学目标具有层次性，因此要更加深入地研究学生。

（1）研究学生的起始水平。以学生为主体，要从学生的认知、情感、态度、价值观等原有基础出发，确定合适的教学"最近发展区"，能够使每一个学生在原有的基础上得到最大限度的、充分而自由的发展。教学目标的确定，如果仅从教师自身出发，按照一个标准要求每一个学生，势必会造成大部分学生的失落，人为地加重学生的学习负担，导致教学的低效率。所以，对于学生起始学力水平的分析是正确制定教学目标的基础和前提。

（2）研究学生的提高潜能。教学目标制定的科学性能较精确地定位学生能力培养和发展的"最近发展区"。教学应是从学生的潜在水平开始，通过教学把潜在水平转化为新的现有水平，不断创造新的"最近发展区"。因此，发掘学生学习的潜在水平、结合具体教学目标来设计教学环节是取得优良教学效果的前提。

（3）研究学生的发展需要。教学目标的制定也需要从学生的发展角度出发，因为教与学的问题先是教师主导要求和学生主体发展需要的问题。所谓主导要求，是教师研究课标、教材和学生后形成的关于教学目标要求的认识。所谓主体发展需要，包括主体发展水平和主体发展愿望两个方面。主导要求与主体发展需要有时完全一致，有时则不需要完全一致，有时甚至完全不一致。处理二者关系的指导思想就是从主体发展愿望出发，将主导要求内化为学生的主体发展需要，最大限度地发挥主导作用，并指导学生实现最大限度的发展。

另外，学生个体学习目标客观上存在着不同层次、不同目标，实现目标过程应遵循从较低层次逐步达到较高层次。教师设计不同的目标层次，让每个学生都能根据自己的能力确定自己的目标，积极主动地投入到探究活动中，体验探究过程中的乐趣，收获探究过程中的成果，培养并强化目标意识，实现学生潜能的可持续发展。

三、实现英语个性化教学设计

20世纪80年代，作为一种新兴教学理念，现代教学设计被引进我国，并且在很大程度上和我国传统的备课融合起来，在高中英语教学实践中得到了普遍应用。教师根据现代教学设计的原理和技术反思自己的教学，查找问题与不足，促使教师的备课工作克服了过于依赖经验的不足，不断走上科学化、规范化的发展之路。这既是教师在教学理念上实质性的转变，也是教师在专业化发展道路上迈出的重要一步。

教师是一种个性化的存在。每个教师都有着不同于其他人的特质，其表现出丰富的个性，既包含着个体的尊严、完善的人格，又包含着个体在生理和心理等方面的规定性和独特性，还包含着个体的独特见解及其创新意识和创新能力。教师这种千差万别的个性差异，决定了每一种个性品质的教师都有成为好教师的潜质与可能。这就为教师的个性化成长和个性化教学设计提供了现实基础。

如果个性化的教学目标是实现个性化教学的逻辑起点，那么个性化的教学设计则是将这种起点进行延伸并逐步将个性化教学的理想转变为现实的桥梁和载体。从教学设计的起源与演进看，最初，教学设计的价值取向是理性的、科学的，并且是以行为主义心理学为依据，使教学活动形成了一个强调行为目标和教学序列的系统，但是限制了教师教学艺术的发挥，学生也处于被动的地位。于是，他们就把教学设计描述为一种艺术的、创造性的过程。

20世纪90年代以来，以情境教学、建构主义理论与现代媒体技术相结合的新一代教学设计理念开始崛起，学生的情感、个性、自我建构等开始成为设计的支点，教学活动的组织逐渐演变成为一个动态的、开放的、创新的系统。个性化教学设计的提出，顺应了教学设计的发展趋势，它强调在科学理性中融入教师的个性，强调辩证、互动、发展的设计理念，强调教师置身于真实教学情景中才能设计出有效的教学方案，从而使教学设计的理性与创造、科学与艺术有机融合起来。

实现英语个性化的教学设计，教师在教学过程中应该注重把握以下几个方面。

（一）进行文本的个性化分析

从课程实施的层面来看，新课程能否顺利地进入课堂，能否内化为教师的教学理念并转化为具体的教学行为，关键在于教师个体能否根据学校、班级学生和教师本人的实际情况对教材文本进行理解和改造，进而对文本形成独特的、个性化的解读，并渗透于教案的设计之中。

因此，教师对新课程的主动参与以及对文本的个性化解读，是新课程改革取得成功的一个至关重要的条件。对文本的个性化解读，旨在打破传统教学理念下教师对教材和教参等文本的"追求"，消解文本权威对教师个性的压制与羁绊，促使教师回归个性的本真。通过这种方式，可以鼓励教师发出自己的声音。只有通过深度解读文本的基本蕴含与教育价值、质疑文本的逻辑性与经验且促成文本知识的激活与价值的内化，教师才能设计出一种具有人文关怀的教学方案，最终达到教师与学生之间、学生与学生之间的生命对话与个性体验。因此，教师对文本的独特解读不仅是个性化教学设计的实现策略，也是他们专业成长与成熟的必经之路。

（二）制定预留时间与空间的弹性教案

弹性教案指的是教师在进行教学设计时，在遵循科学化、规范化的基础上预留一定的时间和空间，以便在实际教学情境中，随时对教学方案做出必要的补充、调整和修正，以促进知识的生成和生长。对此，有的教师提出，可以在教学设计时，在教案的右侧和尾部留出1/4的空白。右侧空白的功能是补充与完善，用于随时捕捉课堂意外和教学灵感；尾部空白的功能是回顾与反思，用于教师对课堂教学的形成性评价和终结性评价。正是由于弹性化的教学方案预留了时间和空间，因而使得教案更充实、课堂教学更富有活力。

弹性教案的旨趣在于给予教学活动以应有的张力和活力，也是对实际教学情境的真正关照和顶层设计。首先，弹性教案给教师提供了临场发挥的策略，解放了教师的思想和情感，让教师可以更加自由地与学生交流，更加有效地促进课堂教学的动态生成和教学创新；其次，弹性教案基于对个体经验的重要性的认识，将学习释放到真实、具体的课堂生活之中，让每一位学生有更多的机会展现自己的想法，促进他们良好品格的养成与学会学习；最后，弹性教案立足于设计一个生生不息的课堂生态，这种设计理念必然会极大地提升教案的品质与效能。

（三）设计以创新为导向的研究型教案

所谓研究型教案，意指教师以创新为价值取向，以教师的教与学生的学面临的问题为出发点，进而捕捉问题、确定问题的性质、分析解决问题的方法，最终达到解决问题的目的。

随着信息时代和学习型社会的到来，教师的教与学生的学都面临着前所未有的新的挑战。为了应对挑战，教师必须将教学设计视为一个不断丰富、不断发展和不断创新的过程，努力寻找新课程中存在的问题、不足并积极改进，以变应变，常写常新，从而创造性地实施新课程。即便是教学设计的各种条件大致相同，教师也可以充分发挥个体的艺术性和创造性，通过求新、求异，产生不同创意的教学方案。而且，教师还可以将研究型教案的设计与研究型教学、行动研究和校本教研等结合起来，使之发挥出更大的功效。总而言之，研究型教案的设计和撰写再一次指明了教师的根本价值是创造性、创新型的劳动，由此它必将成为教师体味职业幸福的源头活水和基本生存方式。

个性化的教学设计，关键在于教师的创造性思维和灵活使用教材、文本的能力。尽管设计教案是有章可循的，但是，教师在具体教学过程中的创造性实践则可能是无限的，而且这种创意性的个性化的教学设计可以随时随地出现在教师的课堂教学之中。

四、完善英语个性化教学实施与评价

（一）英语个性化教学实施

教学实施是教学的最关键、最核心环节，倡导个性化的教学，实际上归根到底是要体现在个性化的教学实施之中的。而教学实施中的个性化，最为关键的是创新课堂组织形式，灵活使用多种教学方法。

个性化教学视域下的教学组织，要力求打破单一的课堂组织形式，取而代之的是多种教学形式。如教师尝试开放课堂、小班教学、差异教学等教学方式的实验，并能针对某一教学内容、针对自己的风格、针对整个班级群体的风格，寻找到适合学生、教师的形式，其效果比一味地班级授课制要好得多，这有利于学生个性生成。在个性化的课堂教学中，组织形式是多种多样的，可以是开放课堂、差异教学、探究教学、合作教学、分层教学、个别教学等形式，也可以是几种方式的有机组合。

在具体的教学实施中，教师可以从以下几个方面着手，开展个性化的课堂教学。

1. 设计任务式教学活动

《普通高中英语课程标准》（2017 年版）强调学生的参与和体验，强调采用多种形式的教学活动，使学生在尽量真实的语境中进行交际。人类最高需要是自我实现的需要，点燃学生渴求知识火花的最好办法就是让每个学生体验自身发现和解决问题的快乐，获得完成任务的成就感。因此，教师在设计教学活动时，首先要尽可能地让每个学生都有参与的机会；其次是问题的难度要兼顾到不同层次学生的实际水平；最后让学生以团队为单位承担任务。

2. 运用多媒体教学调动学生兴趣

任何有意义的言语交际活动都是在特定的语言环境中进行的，通过语境作用于人的感官，使人产生交际的动机。因此，教师要"合理灵活地利用各种课程资源和信息技术""通过多种途径满足学生多样化和个性化发展的需要"，让高中学生在特定的英语学习环境中迸发出无比的热情。

例如，在教授高二（下）"Unit 5 Text：Green Orchids"之前，请几位学生分别扮演 Mr Saleem，his personal doctor，his engineer 等，录制一段课文 DV。上课时学生观看了同学惟妙惟肖的表演，迸发了极大的热情，整堂课学生都是全神贯注，积极参与，课堂气氛活跃。良好的语境，不但使学生快速地理解了文章的意思，还出色完成了之后的三个教学任务。又如，在进行有关于 Martin Luther King 的拓展阅读教学中，先播放一段著名演说"I have a dream"，学生就会被吸引，激发了学生想要了解他的兴趣，为接下来的教学作了良好的铺垫。

此外，在作文讲评课上运用实物投影和其他媒体也能带给学生直接的、直观的印象，所取得的效果是用口头罗列学生的错误或辛苦的板书所无法相比的。英语报纸的合理使用对激发学生学习兴趣也具有良好的效果。

3. 提高学生自主学习能力

英语教师把教学的重点以传授语言知识为主转移到发展学生智力、培养学生自主学习的能力上来，鼓励学生发现问题、提出问题、敢于质疑和乐于合作与交流，让学生通过体验，在观察、模仿、改进、交流等一系列的活动中充分发挥学习潜能，最终形成有效的自主学习策略并提高自主学习能力。例如，英语词汇教学中，与其是教师将词的用法搭配罗列出来，不如教会学生使用工具书自主进行词汇学习的能力。因为方法的掌握比具体知识的掌握更为重要。

4. 引导学生的思维能力

根据新课程改革的精神，教师在教学中要让学生在动手、动脑的实践活动中提高科学的思维能力、实践能力和创新能力。因此教师要留给学生足够的探索和交流的时间和空间，启发和引导学生进行质疑、比较、鉴别、分析等思维碰撞，使学生能够在思维碰撞的训练中掌握知识和技能，提高学习能力。

在阅读理解题练习中，学生往往能选出正确项，但却未必能说出干扰项错在何处。只要经过教师恰当的情境设问和"导"，学生不但确定了答案，更重要的是运用所学知识对问题进行了多方面、多角度、多层次的思考。课后我想，若是当时我直接告诉学生其他选项错在何处，那么，学生将会失去一次宝贵的思维训练的机会。

5. 促进学生自主性探究

英语海报、编排英语短剧"英语角"、制作英语短片等英语课外活动对学生扩大视野、培养学生的自主探究能力有着特别的作用。教师提高对学生课外活动的指导将会巩固课内知识，促进课堂教学。

例如，在教授"The Nobel Prize"之后，把学生分为四组，并布置四个小课题：①Introduce the founder of the prize；②Introduce one of the receivers of the prize you are interested in and his achievements；③How many overseas Chinese scientists have been awarded the prize? For what they are awarded；④Analyze why China´s native scientists still have no way to get their hands on these awards. 为完成这些课题，学生课后通过到图书馆或者上网查阅资料，互相合作，自主探究，在 presentation 时，各组派代表作了精彩的陈述，平时并不显露的潜能，在此时发挥得淋漓尽致。通过这一活动，不但又一次激发了学习热情，巩固了课内知识，还培养了自主探究的学习能力，发展了学生的个性。

（二）英语个性化教学评价

教学评价的目的是及时发现教育教学中存在的问题，检验教育教学效果，并为下一阶段的教育教学提供指引和方向。不同的学生在英语学习过程中的表现是不同的，因此教师对学生的评价也应该是个性化的。每个学生对英语学习的掌握程度是不能用相同的评价来确定的，对英语成绩较高的学生，教师要采用竞争性评价，对他们高标准严要求，以获取更大的进步；对英语成绩中下等的同学，应及时对其进行表扬肯定，激发其学习的积极性。

目前，英语教师对学生的评价主要还是只看学生期中或者期末考试的成绩，很少有教师会注意到要评价学生的学习态度和课堂活动的参与情况。评价方式的多样化和多元化有利于公平公正地对学生的学习成果进行鉴定，更有利于个性化教学的开展。实施个性化的教学评价势在必行，教师可以从以下三个方面进行改进：

第一，把诊断性评价、形成性评价和总结性评价结合起来，在新学期开始时或者一个新的单元开始时就对学生进行诊断性评价，对学生的课前学习准备程度做出鉴定；在日常学习过程中对学生实行形成性评价，这种评价方式能够发现教学活动中出现的问题，并且及时地进行调整；在学期末时采取总结性评价，以检验学生是否达到了预定的教学目标。

第二，把学生平时作业完成情况纳入评价体系中去。作业是师生交流的一种方式，教师对于不同的学生布置不同的作业，也要对学生的作业做出个性化的评价，不能都用统一的一个"阅"字来概括，对学生的作业要有不同的评语，例如"今天又有所进步，继续加油！""能够采用不同的做法，很好！"这些带有感情色彩的评语会极大地激励学生，激发他们的学习积极性。

第三，把学生自我评价和他人评价相结合。教师的评价只是其中的一部分，学生对于自己的学习成果也应该有自己的评价，应该明了自身是否掌握了本节课所学的内容，是否能做到学以致用；学生与学生之间也可以相互评价，在交流评价中互相帮助提升英语水平。

总而言之，传统的、单一的考核方式不仅不能反映出学生各方面的水平，而且容易给学生带来挫败感，打击他们的自信心以及学习主动性、积极性。传统教学与评价关注的是结果而不是参与的过程，不以学生潜能的发展为本，泯灭了学生的个性和创造的欲望。个性化教学的评价有利于促进学生个性的发展，以尊重学生的学习个性和可持续发展为出发点，对不同的学生有着不同的标准。新课改要求做到评价主体互动化，评价内容多变化，评价过程动态化，要充分关注个体的需要，尊重和体现个体差异。所以在评价的过程中要把学生平时学习活动中的表现、讨论过程中解决问题的能力、对完成目标所提出的合理化建议都作为评价学生的依据，同时注意采用自评、互评的方式。不仅要关注学生的学习结果，还要关注学生在学习过程中表现出来的个性，从而有效地促进学生个性的健康发展。

另外，在英语教学中，可以采用过程性评估、终结性评估、真实性评估的立体评估方式。如今，网络加实践加课堂的教学模式使个性化的教学评估成为可能。网络对学生的参与度、完成度的数据是形成性评估的评审依据；课堂课程的考试是终结性评估的评审依据；实践课程中学生各项活动的参与及合作则是真实性评估的评审依据。三者相结合，才能更科学完整地反映教学情况与面貌，方便教师及时调整教学设计和方案，并能更好地完成教学目标。同时，把口语考试纳入学期考核，增加考核的多样性。应善于发现学生所取得的进步，让不同的学生在这种考核评价中获得成功的体验，从而更加积极地对待学习。

教学是一个复杂的系统过程，要实现个性化的教学，关键在于教师具备强烈的反思与研究意识，对课堂教学的各个环节进行精心设计。追求个性化的教学，并非要刻意去打造另类的课堂，而是要通过师生适宜的、个性化的教学行为实现师生更好的和谐发展。因为每一个人都是不同的，每一个教师都有着不同的经历、理念和教学方式，每一个学生都有着不同的基础、兴趣和成长空间。只要用心，每一堂课都可能成为个性化的课，每一次教学活动，都有可能成为一次个性化的教学活动。

第二节　学生人文素养的培育策略

一、学生人文素养培育的创新思路

英语教学中培养学生的人文素养既有学科本身改革与发展的必然性，也有实现教育教学育人价值的必要性。语言教学的一个重要方面就是培养学生自强拼搏、乐观向上、积极进取、求真向善的人生观、世界观和价值观。英语，是一门兼具工具性和人文性的学科。教师可以借助这一语言的传递去启发学生从生态平衡、环境保护、能源与交通等诸多方面联系自身实际，去思考探讨，并通过大量相关篇章材料的学习，在潜移默化中升华思想，形成健康积极的人格品质，发展与人沟通和合作的能力，并增强跨文化理解和交流的能力。所有的这些，实际上都最终指向了学生人文素养的提升。

英语教学中的"人文素养"是指人通过英语学习所形成的气质和修养，如审美情趣、知识视野、情感态度、思想观念等。人文素养的培育有利于促进学生英语知识的掌握及能力的提高。通过对学生人文素养的培育，让学生明确诸如竞争中合作的重要性，对于新课程所提倡的合作学习非常有益。另外，人文素养对学生的学习态度、学习动力、学习绩效都有着很大的影响，可以使学生在陌生的语言中找到自己熟悉的、感兴趣的内容，激发他们学习英语和文化的兴趣，从而促进英语教学。

高中学生正处于从少年向成年转化的特殊时期，也是人生观初步形成的重要时期。在高中英语教学中进行人文素养教育是符合社会发展要求、顺应现代教育发展趋势、遵循英语教育的本质目标，也是履行课程改革的基本理念、适应高中生心理发展的需要。因此，对高中学生而言，培养他们养成正确的人生观、形成良好的人文素养有着更为重要和特殊的意义。

促进高中英语教学中学生人文素养的培养，需要从两个层面入手：其一是理性的探讨，即根据人文素养养成的规律和高中英语学科教学的特征，对通过英语学科教学培养学生人文素养的基本操作思路和理念进行明确；其二是实践的改革，即通过英语学科教学的常用方式，如词汇教学、听说教学、读写教学等，探索真实教学环境下提升学生人文素养的具体教学方式。

高中阶段英语学习的过程，是学生磨砺意志、陶冶情操、拓展视野、丰富生活经历、开发思维能力、发展个性和提高人文素养的过程，而要真正实现这种人文素养的提升，在开展高中英语学科教学的过程中应该遵循以下基本思路。

（一）掌握文化背景知识

很多版本的教材，都会涉及中外的历史、地理、风土人情、传统习俗、生活方式、文学艺术和价值观念等。所以，英语学习过程中要推动学生了解英语国家的文化和社会的行为规范，了解英语国家的文化与本民族文化的差异，同时宣传中国文化，并把所导入的中外文化内容和学生所学的语言内容密切地联系起来。对中外文化的学习和比较，不仅有助于学生学习英语、积累文化知识、培养跨文化意识、形成跨文化的交际能力，而且能使学生更深刻地认识到文化的异同，提高对中外文化异同的敏感性和鉴别能力，培养建立在对本国文化深刻理解与认识基础上的爱国主义精神，树立正确的人生观和世界观，从而具备良好的思想品德修养和人格修养，提高文化素养。

（二）增强教学素材挖掘

英语教师在开展传授英语知识、培养英语运用能力的教学活动的同时，要自然地渗透人文性、思想性的教育，从而完成对学生进行思想品德教育的重大任务。教材是师生接触最多，也是最能被充分利用的素材。教师必须根据教材的特点和学生实际，挖掘教材中的可鉴之处，并融合在教学之中，而非是不着边际或凭空想象，防止德育空泛化。

例如，关于叙述航天英雄杨利伟的文章，分别在教材北师大版（北京师范大学出版社出版的《普通高中课程标准实验教科书英语》）必修模块，译林版（译林出版社出版的《牛津高中英语》）必修模块二，外研版（北京英语教学与研究出版社出版的《英语》）

必修模块二有所呈现。教师在教授某一版本教材的课文时，可以把其他版本教材中的文章印发给学生，作为泛读材料，同时在比较叙述的异同，加深对英雄人物的进一步了解。这样就可以很自然地让学生思考一个问题，即为什么多个版本要纳入这样的题材。学生可以展开讨论，结果更多地体现在：神舟五号载人飞船成功发射是中国航天史上一个非常重要的里程碑，也是中国迈入盛世的里程碑，具有着极其重要的现实意义；题材具有时代性，有利于向国外介绍我国在航天科技方面的最新发展；选择中国航天史上这一伟大事件，有利于激发学生热爱科学，激起他们科学探究的热情，有利于培养爱国主义情感，有利于增强民族自信心。

除了以上述人物为主的课文，各版本教材中还有很多表现各时代、各阶层的人物的故事，如音乐家孔祥东和叶小刚、水稻专家袁隆平、科学家爱因斯坦等。同时在教学中还可以借助教材中人物的图片来进行认知和了解，通过人物形象所迁移的情感目标明确，并且教材中所选人物涉及各个领域，并多为学生所熟知，主要起正面引导作用，有助于让学生感受到我国地位的提升、综合国力的增强，从而激发起学生热爱党、热爱祖国、热爱人民的爱国情感和民族自豪感。

（三）促进良好的师生关系

课堂教学是培育人文素养教育的主渠道。建立新型的师生关系，创设充分民主的课堂教学模式，使人文素养教育的时空得到拓展，其中，教师起着主导作用。因此，每一位英语教师要从"师道尊严"的权威中解脱出来，俯下身子，去聆听孩子们的心声，从英语教学的指挥者转变为参与者，做学生的合作者。

从师生关系的角度构建有助于学生人文素养培育的英语教学，还有一个重要的思路，那就是通过教师的人格去影响和塑造学生的人格。教师的人格魅力对学生具有着深刻的影响，这种影响甚至是终身的。在教育工作中，一切都应以教育者的人格为依据，任何章程和纲领，任何人为的管理机构，无论他们设想得多么精巧，都不能代替人格在教育中的作用。没有教师给学生以个人的直接影响，深入到学生品格中的真正教育是不可能的。教师的人格魅力包括教师良好的性格特征、和谐的人际关系和较强的协调能力、有力的自我调控能力和不断创新开拓的实践能力以及与时俱进的学习能力；还包括教师在教育教学工作中、在日常生活中、在与学生的接触中，有意无意地流露出来的知识能力、道德修养、气质、仪表、风度和行为。这些都构成了教师的人格魅力。一个具有人格魅力的教师会赢得学生的尊重和爱戴，促进学生良好人格的形成。所以，教师在教学和教育的过程中要注意用人格魅力去感召学生。

（四）完善教学评价方式

评价是英语课程的重要有机组成部分，也是实现课程目标的重要保障。评价理念落后是制约英语课程改革与发展的一个重要的、严重的问题，传统的评价存在的问题主要反映在评价目标过度强调学科知识体系，重结果、重成绩，从而忽略了人文性。因此，新课程标准下应提倡人文性的评价理念。首先要意识到评价不等于考试，考试只是评价的手段之一。完整的评价体系还包括对学生的阶段成绩和发展状态的评价，特别是对学生日常学习过程中的表现、所取得的成绩以及所反映出来的情感、态度、策略等方面的发展作出评价，突出自评和互评的作用，增强学生的信心，培养其自主学习的能力。

在小组合作学习时，评价须关注学生个体差异，使认真参与合作学习活动的学生普遍获得成功的体验。既要着眼于对整个小组的评价，又要注意到个人在合作活动中能承担的角色、发挥的具体作用以及进步的幅度，适时地对表现突出的个人进行表扬，这样可以减少个体的失落感。尤其是对英语学习较差、自信心不足的学生，对其取得的即使是微小进步也要赞扬，让他们时刻感受到成功的快乐。

综上所述，评语所蕴含的情感意义，会直接影响到学生的学习情绪。情绪对人的学习行为的影响是巨大的，具有双重作用，既能促进、增强学生的学习动力，也能削弱、降低其学习动力。另外，即使是借用考试的手段来进行评价，也可以在其中加入积极元素，间接地培育学生的人文素养。总而言之，英语教学中人文素养的培育，不仅包括语言知识，还包括人际关系因素、人的情感因素以及学习者个体特点等。英语教学理应避免过强的工具性，可纳入更多人文学科的教学模式，多鼓励学生学习中情感的个体表白，多添加体现价值观的自主评价，既要教会学生求知，更要教会学生做人。

二、英语词汇教学与学生人文素养的培育策略

词汇是语言系统的重要支柱。词汇在语言中占据着极其重要的地位。词汇能力是听、说、读、写、译五项能力的根本保证，因此，词汇教学一直是英语教学领域关注的焦点。但是，以往对于词汇教学的研究与实践，主要强调的是词汇的实用价值，研究往往局限在词汇教学策略的单一领域。实际上，语言受地域、文化、社会变迁以及自身变化等多种因素的影响，作为语言赖以生存的要素——词汇是一个十分纷繁复杂的庞大体系，因此，在词汇教学的过程中，有必要深入挖掘语言中所负载的人类精神生活和世界观。

（一）英语分类词汇与学生人文素养的培育

词汇有不同的类型，词汇类型的划分本身就蕴含着一定的文化因素。仅就颜色而言，英语词汇便有着丰富的文化内涵和延伸意义。例如：

Red，很多时候单纯表示红色，有 red wine（红酒），red carpet（红地毯）等，但也有与颜色不对应的表述，如：be in the red（赤字、亏空），a red letter day（日历上用红字标明的值得记住的重要日子）等。

White，除了表示白色，在英语文化背景中，有 white coffee（牛奶咖啡），有 a white lie（善意的谎言）、white elephant（昂贵而无用之物）等表述。

Blue，除了表示蓝色，很多时候用来表示心情，如：I'm feeling rather blue today.（我今天感觉很沮丧）。还有非常经典的欧式传统婚礼中的新娘必需品：something old, something new, something borrowed, something blue, and a silver sixpence in her shoe.（一个老的东西，一个新的东西，一个借来的东西，一个蓝色的东西，外加一个 6 便士放在她的鞋底）。根据他们的文化传统，这些东西都会给新娘带来好运，如果在婚礼的时候带着所有的这些，那 marriage（婚姻）就会非常幸福。

Black，除了表示黑色，如 black coffee（不加牛奶或奶油的咖啡），还可以指黑色皮肤的人种，如 a black hero（黑人英雄）；可以指"苦中作乐"，如 black humor（黑色幽默），black comedy（黑色喜剧）等。

Yellow，除了表示黄色，可以专指由黄色纸张印刷的专用书刊，如 yellow pages（黄页电话号码薄）。

（二）英语舶来词与学生人文素养的培育

在英语教学中，说到舶来词，可以分两类：一类是指英语本身，因贸易、科技等原因，有着不少来自拉丁语、法语、希腊语、阿拉伯语等语言的词汇，如，alcohol, coffee, guitar 等；另一类是指汉语从英语中"舶来"的词汇，如，沙发（sofa），咖啡（coffee），逻辑（logic）等。这两类舶来词，都会为语言学习者带来充分的文化给养。从舶来词可以看出一个民族在国际上输出的东西，留下的声誉。来源于英文的舶来词多数都源于近代工业革命后，彰显了英语国家科技文化领域的领先。

1. 英语与拉丁语

英语虽然是日耳曼语族中的一个语支，但由于不列颠这个岛国历史上受到罗马帝国长达 400 年的统治和占领，以及随即兴起的文艺复兴运动的影响，拉丁语直接或间接地对英语产生了极大的影响。可见，英语是受拉丁语影响最深的日耳曼语族中的一个语支。根据语言学家对两万个英语单词进行研究的结果，拉丁语词汇包括法语（来源于母语拉丁语）、希腊语（通过拉丁语转入英语）占两万个英语词中的绝大多数。由于受拉丁语如此深远的影响，英语的构词法与其说是英语的构词法，还不如说是拉丁语构词法或拉丁语词素分析法。英语的语法，英语的成语、格言，英语的缩略词以及英、美各国的文学、艺术作品的标题中，都有不少拉丁语炫耀其间。

在英语阅读中，经常会碰到诸如 a. m. （午前，上午），p. m. （午后，下午），A. D. （公元）等表示时间、年代的拉丁语缩略词。a. m.，又作 AM，缩自拉丁语 ante meridiem，解释为 before midday，译作"午前、上午"；p. m.，又作 PM，缩自拉丁语 post meridiem，解释为 after midday，译作"午后、下午"；A. D.，又作 AD，缩自 Anno Domini，解释为 since the birth of Christ，译作"公元"。正好英语本身也有与 AD 相对应的 B. C.，又作 BC，解释为 before the birth of Christ，译作"公元前"。

另外，常见的拉丁语缩略词还有：e. g.，缩自 exempli gratia，解释为 for example，译作"举例、例如"；ie.，缩自 id est，解释为 that is（to say）on in other words，译作"换句话说"；etc.，缩自 et cetera，解释为 so forth and so on，译作"等等"。

同时，拉丁语作为古罗马人使用的语言，有些也辗转传入英语，如，现在普遍使用的 12 个月及每周 7 日的英语单词。

2. 英语与法语外来词

自诺曼底公爵成为英格兰国王后，便将法语带到了英国。那么，英语当中便不可避免地融入了法语。找工作前要写简历，resume 一词，便是出自法语，还有说成 CV，这个词来自拉丁语，curriculum vitae；出去旅游买纪念品，souvenir 一词，也是出自法语；约会，除了英语中原有的 date 一词，若使用 rendezvous 一词，便明显有了法国气息；salon 一词，也是源于法语，如今在英语中普遍使用，便是在汉语中，也直接用其发音，称作"沙龙"，意思大家都明白；还有现在用得较多的"精英"一词，elite，也是出自法语。

3. 英语与其他方式舶来词

还有一些舶来词，最初为音译，在不断的使用中由于语言习惯、记忆和理解习惯的问题，逐步向意译发展，最终形成音译+意译的词汇。例如：

internet（inter+net）因特网

link 链接

blog 部落格→博客

miniskirt（mim+skirt）迷你裙

hippy 嬉皮→嬉皮士

a jar of beer 扎啤

milk shake 奶昔

（三）英语谚语与学生人文素养的培育

英语谚语和中文谚语、格言等一样，它是人们社会生活经验的概括和结晶，它经历了千百年历史的涤荡，浓缩着睿智和哲理，是人类文化和道德领域里的明珠。因此，在英语教学中适当地进行谚语教学，既欣赏了英语谚语的精练和美感，更有利于学生人文素养、心理素养、科学精神的培养。例如：

（1）Make every day count.（让每一天都过得有意义）

（2）Diligence makes up for the lack of intelligence.（勤能补拙）

（3）The early bird catches the worm.（捷足先登）

（4）An ounce of prevention is worth a poundof cure.（一分预防胜过十分治疗）

（5）Too many cooks spoil the soup.（人多手杂）

（6）A rolling stone gathers no moss.（滚石不生苔）

（7）Time and tide wait no man.（时不我待）

（8）Many hands make light work.（众人拾柴火焰高）

在上述谚语中，蕴含着十分宝贵的人文素材。在教学的过程中，通过教师讲解，可以引导学生深入思考、领悟哲理、陶冶情操。

文化是包括实物、文学、艺术、信仰、道德、法律、风俗以及社会习得的能力与习惯的综合体。而语言则是文化的重要表达形式，是文化的载体。词汇作为语言中最为活泼、最具生命力且最能体现时代和社会变化的一个要素，语言的词汇忠实地反映出它所服务的文化。小到一个简单的词语，大到语篇中部分语段的含义，都蕴含了丰富的文化教育资源。学习一个国家的语言，最重要的是学习这个国家的文化，而这种文化的互动与体验，正是学生人文素养形成的必要性条件。在英语教学中，教师应该十分重视文化与英语词汇的关系，注意英语词语的文化内涵。在教好英语词语的发音、拼写、搭配关系等语言知识的同时，注重传授英语词汇的文化背景，使学生除了能够掌握英语词汇的一般性知识外，还能够知道如何运用。可见，研究英语词汇的文化内涵是英语学习者的需要，是英语教学的需要，也是社会的需要，更是培养学生人文素养的需要。

三、英语听说读写教学与学生人文素养的培育策略

（一）英语听说教学与学生人文素养的培育

英语听说教学与学生人文素养的培养同样有着密切的联系。作为一名英语教师，在日常的教学过程中，时常会扪心自问，英语学习只学会语音、语法和词汇就不能成功交际。一个对英语国家的传统和文化知之甚少的人，尽管掌握了一定量的语法和词汇，但是和英语国家的人交流时还是存在着种种障碍，有时甚至还会闹出笑话。要想进行跨文化交际，就必须掌握英语国家的文化，熟知他们的文化与本土文化。所以，教师要让学生意识到学英语就必须了解英语国家文化的背景知识、语言交际情景、汉英两种文化差异以及因为文化差异而造成的语用失误所带来的误会或尴尬情景。这不仅意味着在英语听说教学的过程中应该融入文化的因素，也同样表明，通过听说教学能够有效地培养学生的人文素养。

（1）通过试听培育学生人文素养。结合智能工具以及原版英文电影等多种视听材料向学生介绍有关的文化背景知识，充分发挥视听材料和多媒体的优势，激发学生的学习兴趣，使学生快速、有效地理解和领会相关的文化背景知识，并提高学生的听力水平。注意收集经典的英文歌曲，特别是具有深厚文化内涵的久经传唱之作，把它们介绍给学生。先以听歌填词的形式让学生了解歌词大意，再指导学生对它的文化内涵进行探索。文化差异是客观存在的。高中英语教学探索走向个性化的人文素养培育汉语言的文化差异是由语言的民族文化性所决定。教师要有意识地多给学生讲解一些相关知识，以拓宽他们的视野。

（2）通过配音培育学生人文素养。"影视英语配音和赏析"课程的开发，是"以学生为本，基于学生对英语影视的兴趣，充分发挥和培养学生的言语模仿能力、配音能力和表演能力，提升学生对外国文化、民俗生活的认识和跨文化交际能力，从而达到培养学生综合素质的目标。"学生的人文素养和人文精神不是靠教出来的，而是通过润物细无声的熏陶和学生自身的觉悟慢慢发展形成的。因此，"影视英语配音和赏析"课程能够利用学生的兴趣点而成为语言、文化、人文素养教育的有效平台和载体。

总而言之，语言与文化之间有着密切的天然联系。如果说文化是涉及人类生活方方面面的一个大系统的话，那么语言就是其中的一个子系统，但又具有相对的独立性。语言是一种社会文化现象，语言与文化之间既有着对应性的一面，又有着非对应性的一面。语言不仅是一种文化现象，而且是历史文化的活化石，是一种特殊的、综合性的文化凝聚体。一方面，语言在文化的建构、传承以及不同文化间的交流等方面，发挥着不可替代的作用；另一方面，不同的文化特点往往也会导致不同的语言特点。语言与文化的天然联系决

定了语言学科教学的文化价值，也表明了通过英语学科教学提升学生人文素养的现实可能性。对教师而言，最为重要的是要认识到从文化的立场推进高中英语学科教学改革的重要意义，并结合自己的实际情况，对指向于学生人文素养提升的英语学科教学策略进行孜孜不倦的探索和研究。

（二）英语读写教学与学生人文素养的培育

英语是有着丰富的人文内涵的课程，英语教育也具有着人文色彩，因此必须关注学生人文素养的培养。英语作为一门人文学科，在培养人文素养方面有着义不容辞的责任。作为英语教师，应在英语教学中的以更高层次的追求和宽广视野来探索新课标背景下的英语教学中三维目标（知识与技能、过程与方法、情感态度与技能）的有效整合与落实，努力实现工具性与人文性的统一。在英语课堂的教学中，教师要以学生为主体，尊重学生的个性，倾听学生的心声。尤其是在阅读和写作教学中更要注重学生真情实感的体验，尊重学生的情感和个性，营造一种自由、平等、和谐的人文课堂氛围，明确教学任务，挖掘教材中的生活因素，高度重视课程资源的开发和利用，通过阅读和写作教学工作，创造性地开展教学活动，引导学生在实践中学习，从而培养其良好的人文素养，弘扬人文精神。

随着市场经济的迅速兴起，科技革命的迅猛发展，经济全球化的深入发展，中西文化的交融，高中生的思想观念、行为方式、价值取向也发生着明显变化，高中生思想活动的主体性、独立性、选择性、多变性显著增强。一方面，当代高中生思想状况的主流是积极的、健康的、向上的；另一方面，一些高中生也在不同程度上存在着理想信念模糊、艰苦奋斗精神淡化等问题。因此，作为教师，必须抓住时机努力引导，把加强学生励志教育作为学校和社会的重要任务。通过励志教育，激发高中生正确的学习动机，引导他们求真、崇善、趋美，培养他们积极的心态和健全的人格。

第三节　高中英语自主学习及其教学策略

一、自主学习的认知

（一）自主学习的主要特征

我国教育界对于自主学习的认识和探讨大约是起源于 20 世纪 90 年代，从那时起主体教育思想逐渐盛行，在此背景下，教育界开始在主体教育理论的指导下，开展了一系列具有实验意义的探索，将自主学习能力的培养当作教育的重要部分。

自主学习所具有的明显特征主要有两个：第一，教师角色的转变，要改变传统课堂中以教师为中心地位的模式，在传授基本知识的同时，注重引导和鼓励学生自身积极参与课堂教学过程中，培养学生的参与意识和主动学习意识；第二，学生角色的转变，学生应当充分认识到自己的课堂主体地位，积极发挥能动性，在师生互动和课堂交流中培养自己主动学习、自主学习的能力。

1. 教师角色的转变特征

（1）教师的指导作用。传统教学模式下，是以教师为课堂的中心主体，教学重点为课堂知识的传授，这种模式虽然积累了一定的经验并取得了一些成果，但随着时代进步和科学发展，已经不能满足对具备自主学习能力和综合素质人才的需求，因此，当前教育改革的重点也围绕着此问题展开。教师作为教学的两大参与主体之一，其对于教学理念的理解和教学方式的革新将直接影响着学生的知识学习和能力培养。教师的指导作用还表现在对课堂节奏的把控上，通过课前合理的设计和课上有意识的引导，让学生在互动中学习到知识，并培养自己的能力。

为培养学生的自主学习能力，首先，教师应当帮助学生对学习任务和重点进行梳理，尤其要根据学生认知结构和学习能力的不同，有针对性地进行指导，只有通过有效梳理才能制订学习目标和学习计划。其次，应当营造积极健康的课堂氛围，可以通过创新教学形式和丰富教学材料等途径，吸引学生参与。只有轻松健康的氛围才能让学生全身地心投入到课堂之中，提高学习效率。教师应当设身处地地站在学生的角度去理解和思考，多采取鼓励和支持的态度，培养学生的自信心和学习动力。最后，教师发挥指导作用的重要内容是纠正和调节，这种作用不是去控制，而是参与到学生学习过程中的每一个环节，通过细致的观察和有针对性的评价，了解学生在自主学习过程中产生的困惑和问题，一方面，可以及时帮助学生解答困惑和纠正错误；另一方面，也能够发现自身教学设计中存在的不足之处，从而不断进行更新调整、优化完善，最终引导学生逐渐建立起自主学习的意识和解决问题的能力。

（2）教师的鼓励作用。学生自主学习能力的培养不是一蹴而就的，尤其在起始阶段会面临许多困难，只有通过不断的鼓励和支持，才能帮助其逐步建立起学习的自信心，从自主学习中找到乐趣并坚持下去，从而逐步培养对知识和科学的探索欲与求知欲，逐步培养自我学习能力并构建自我的知识体系。因此，教师应当积极发挥过程中的鼓励作用，积极健全科学合理的评价体系。传统教学模式下，这种调控的作用主要是由教师完成的，忽略了学生自我调控的重要性，因此，改革后的教学模式下，应当培养学生自己进行合理调控的能力，只有这样才能将学习动机由外界强加转变成积极自主，这是培养学生自主学习能力的重要环节。

因此，培养学生的自主能力，教师要充分意识到教学本身的意义是为了给学生创造更加积极有效的学习条件，在此过程中教师要尊重和发挥学生的中心主体地位，以指导者和鼓励者的身份参与到课堂教学中，通过完善教学形式和丰富教学内容，激发学生对问题的思考和解决积极性，从而逐步成长为具有自主学习能力的人。

2. 学生角色的转变特征

学生是课堂教学的另一个参与主体，传统教学模式以课堂知识传授为教学重点，忽略了对学生综合能力和自主能力的培养，尤其是随着时代的进步和科学发展，已经不能满足对具备自主学习能力和综合素质人才的需求。新的教育模式是以学生为中心主体，以培养其积极参与课堂互动、具备自我学习能力为教学目标，充分尊重个体差异和特点，鼓励学生积极主动地参与课堂互动，从而开阔创造性思维、培养创新实践能力。具体而言，主要包括以下几种特征。

（1）自主性特征。自主性是一个与依赖性相对的概念，是指个体在所参与的任何活动中所处的地位、所具有的控制权，因此，自主性是评价每一个体独立性的重要方面，具体可以从两个方面来理解：首先是从主观现实角度上。个体拥有自主性是指其能够充分根据自己的客观需要，客观合理地进行选择，其目的不仅是应对外界事物，还要调节和控制自己的内在需求。其次是从个体所处的客观状况角度上。拥有自主性才能具有选择和控制自己生活现状的可能性。全面而深刻地理解个体的自主性，应当正确地认识和把握个体与其所参与的活动之间的主客关系，其最终的特点之一就是个体不是任由外部力量操控而无法做出相应的改变，具备自主性的个体能够充分灵活地应对外界变化并对自我现状进行改变和调整，在这种情况下，个体能够发挥自身的逻辑思维能力去认识客观环境，发挥解决问题的能力去解决困难和改变现实。此外，具备自主性的个体应当具备自律性，也就是能够对自我进行有效调节，这是评价其综合素质的重要方面之一。

传统的教学模式对于学生个体的自主性没有给予应有的尊重，因而所培养的人才不管是在创新能力还是综合素质上都是不过关的。充分尊重学生的自主性，首先应当引导学生逐步培养主体意识，学校与教师通过合理适度的引导，帮助学生能够自主地对教材内容进行学习和运用，通过充分地融会贯通构建属于自己的知识结构体系，并能够通过实践过程将其灵活运用。

此外，学生自主性的培养受到内在因素和外在环境两方面的影响，这就要求学生应当充分地认识和把握自己的教育对象角色，在面对复杂的外界因素时，通过有效的自我选择和整合，将学习过程本身转变成一个主动控制的过程。教师应当积极发挥过程中的鼓励作用，积极健全科学合理的评价体系。从心理学和行为学角度上来看，这种激励作用是将外在因素转变为内在动力的过程，只有通过一定的调控作用充分激发个体自身的内在需求和动力，才能将其转变成积极主动的行为。

（2）选择性特征。传统教学模式过于忽视对学生自主能力的培养，不管是教学大纲和培养目标的制定，还是教师教学方式的设计，都存在着一致性和强制性，导致学生并没有在学习体验中找到真正适合自己的方式。所谓选择性是指充分尊重学生的个体差异和学习特点，为学生提供不同的教学条件，这种方式一方面充分尊重了学生自身的需求；另一方面也是结合学生的接受能力和学习特点、教学大纲和培养目标的要求而制定的，此时学生可以有效地发挥自己的主动权，根据自身兴趣特点和掌握情况，对内容进行选择性的学习。这种教学模式充分发挥了学生筛选和整合外界资源信息的能力，与此同时，在提供选择内容时应当尽可能地保证积极向上和具有意义的内容，并对学生进行适当引导，通过树立正确的价值观和学习观，能够在具有充分主动权时，选择那些对自身发展最具有积极促进作用的学习内容。

需要指出的是，充分尊重每一个学生个体而制定相应的教学目标和内容，在可行性上具有一定困难，因此，应当充分考虑现实条件，以培养学生的创新思维和实践能力为基本出发点，尽可能地使个体的需求得到满足，同时学生应当立足于自身兴趣和能力特点，在面对丰富的教学资源和信息时，有选择性地选取最适合自己的内容，培养自己对信息资源进行筛选、整合和理解的能力。

（3）能动性特征。所谓的能动性是指人将自己的内在意识转变成外在动力的能力，正是由于主观能动性的存在，才使得人对自己命运的把握和改变具备着现实可能性。从心理学和行为学角度上来看，这种能动作用是将外在因素转变成内在动力的过程，只有通过了一定的调控作用充分激发个体自身的内在需求和动力，才能将其转变成积极主动的行为，也就是所说的学习积极性和主动性。传统教学模式下的学习过程是一种"他主"的学习而非"自主"的学习，这种方式过于忽视对学生自主能力的培养，不管是教学大纲和培养目标的制定，还是教师教学方式的设计，都存在着一致性和强制性，而自主学习最大的特点就是充分尊重和发挥个体的自律作用，从而将学习过程转变成一种积极参与和自我约束的行为。

在新教育模式下，要充分发挥学生的课堂中心主体地位，以培养其积极参与课堂互动、具备自我学习能力为教学目标，激发学生的学习兴趣，充分考虑到每个学生的自身特点和学习情况，做到因材施教。一方面，通过制定合理的学习计划和学习目标，通过调动自我积极性，从而以更加科学合理的方式参与到课堂学习中，提升学习效率；另一方面，营造积极健康的课堂氛围，可以通过创新教学形式和丰富教学材料等途径，吸引学生的参与度，不断地保持动力和信心，从而使学生在收获知识的同时，在精神和品质上提升自我。可见，这种对能动性的注重和强调，是学习过程从强制变为自主、学生自身从被动到主动的过程，有助于对学生综合素质和创新思维的培养。

（4）独特性特征。独特性首先来自先天素质的差异性。不同的学生在学习同一内容时，原来的认知结构的差异与接受能力的不同，使得对学习内容的学习速度和掌握所需要的时间以及所需要的帮助也不同。学习是学生个体的行为，每个学生的心理活动和已有的知识经验，以及解决问题的能力均有很大的个体差异。对学生而言，他的学习过程完全是个性化的，包括学习的进程、探索知识空间的路径、学习采用的方法以及在学习过程中得到的反馈信息并对学习进行及时有效的调控等。在自主学习中，学生是一个具有独特个性的个体，其个性在学习的过程中得到充分体现。从教育意义上来看，个性是所有教育的出发点和归宿。自主学习是通过个性化的学习来实现每一个人的社会价值和使个体价值得到充分的体现。

过去的传统教学不够重视学生学习的个体差异性，并要求学生在最后的评价考试中，力争达到同样的学习水平和质量。过分强调学生的共性，而泯灭了学生个性的发展和创造精神的发挥。

（5）开放性特征。在自主性学习中，学习的目标和过程都是动态开放性的，它在学习知识的基础上，更着眼于学习的能力与态度的提高；就主体学习的过程与结果而言，不仅要考虑结果，而且应更注重过程。在自主性学习中，教师把选择的权利还给了学生。学生可以根据自身的学习情况和爱好，选择不同层次的学习目标、学习任务和完成任务的方法，给学生得以施展个性的空间。通过学生实践和自我体验获得自主的意识和能力，打破了传统的封闭式课堂教学模式。

（6）创造性特征。作为自主学习能力中级别最高的能力，是学生将所学进行整合、调动并产生新想法的过程，其主要特征有两个：探索、求新。创造性之所以层次最高主要是因为它本身就具有超前性质，在对客观事物原有经验的基础上，通过总结和观察发展规律，充分组织运用知识体系，从而产生一种超前的思维意识，这种意识与现存的经验或结果都截然不同。因此，创造性是培养自主学习能力的重要内容之一，只有具备了创造性思维，才能在面对问题时进行全面思考并形成新颖的解决方案，这个过程要求学生具有探索意识和独立思考的能力。创造性具有丰富内涵，可以从许多角度进行认识，比如，从心理行为理论来看，创造性是在面对问题时具有探索意识和独特的思维方式，能够从不同角度灵活地展开分析；从教育过程来看，是引导学生敢于提出独到见解，这就要求教育模式不但应当突破传统强制性和刻板性的教学，而且应鼓励学生敢于挑战和质疑权威，在面对客观事物时从不同层面进行思考，并结合对客观事物原有经验的基础上，通过总结和观察发展规律，充分组织运用知识体系，提出解决问题的巧妙构思。

创造性的培养一方面需要学校与教师的努力，通过将问题式和探索式的教学内容带入课堂，为学生积极思考和自主学习提供客观条件。在教学的过程中，教师应当充分了解和尊重每一个学生个体的特点与需求，多采用鼓励和引导的态度，激发学生的潜能，使其在学习过程中不断培养自信心，从而转变成自我学习的动力，在面对客观事物时能够进行自我思考和自我解决。另一方面需要学生自身的努力，学生应当具有培养自我创新能力的意识，要敢于突破传统经验和权威共识的限制，养成积极思考和自我解决的习惯，积极参与知识的实践过程，有助于帮助学生建立起完善的知识体系、培养逻辑思维能力，从而将内化的知识经验转变成创造性的思维。

（7）情感性特征。学生自主学习能力的培养不是一蹴而就的，尤其是在起始阶段会面临许多困难，只有通过不断地鼓励和支持，才能帮助其逐步建立学习的自信心，从自主学习中找到乐趣并坚持下去，从而逐步培养对知识和科学的探索欲与求知欲，逐步培养自我学习能力并构建自我的知识体系。由此可见，自主学习过程不可避免地牵扯到学生自身的情感因素，包括面对挫折时保持的坚强意志和坚定信念，面对成绩时所激发的自信心与动力，还包括学生对学习过程中的变化和成绩进行自我评价和自我调控的能力。因此，这里所说的情感性，其内涵是丰富的。

对于自主学习过程而言，一方面注重对学生进行思考和解决问题时自主意识的培养，这样才能真正地将所学的知识融会贯通，并转变成自己知识体系的一部分；另一方面，学生不需要排斥来自外界的支持与帮助，因为如何充分而合理地利用外界条件并将其转变成促进学习进程的一部分，也是评价学生自主能力的重要部分。因此，对学生利用和整合学习资源的评价本质上是对学生责任心的评价。不同的学生所采取的学习方式存在着差异，这主要是因为个体差异所导致的，学生所获取的信息可能来自庞大的信息库和获取途径，如何有效地进行检索和筛选，从而提升学习过程的效率，不仅涉及学习能力本身，还需要充分地考虑情绪因素对其学习适应效果的影响。

（二）自主学习课堂效益的提升

新课程改革的核心理念，就是要把学习的主动权交给学生，提倡学生积极思维，自主学习，参与实践，使学生能形成自主性学习。自主性学习是指学生在老师的引导下，以自身的主动性、探索性为依托进行学习，这是学生自觉地学习，自然也是一种高效率的学习，也是提高全民学习素质的重要途径，是教育的最高职责。

要改变传统教育教学的弊端，就必须改变教师的教学方式、学生的学习方式，培养学生形成自主学习的意识和习惯，这也是目前国际课程改革的一种新趋势。转变观念，自主学习，提高课堂效率，是每一个教育工作者值得研究的课题。

（1）引领学生主动思维。思源于疑，应当让课堂存在问题，用问题去激活学生的思维，用问题去引领学生探究。尤其是在单元复习课或者综合复习课中，设计高质量的问题或习题，可有效地启发学生思考，组织学生讨论，激励学生回答，避免简单机械的师问生答，改善枯燥无味、沉闷的课堂气氛。

（2）创设探究情境，引领学生动手动脑。个体通过亲身经历而获得的信息，比通过其他感官而获得的信息在大脑皮层的痕迹要深，保持时间也长。这就要求克服传统的课堂教学中的空洞说教，引导学生多动手动脑。因此，教师要克服惰性思想，改变应试教育"在黑板上画实验，在课堂上讲实验，在课下背实验"的陋习。努力创造条件，尽可能设计实验，改变"老师演示"为"学生演示或分组操作"，尽可能多设计"探究实验"，让学生在多动手的同时，仔细观察、认真分析、得出结论，可达到事半功倍的效果。

（3）创设和谐情境，引领学生充满情趣。第一，联系生产生活，激发兴趣；第二，注重情感沟通，增强信任，培养学生乐学的情绪。教师在课堂上提问时应注意：保证思考的时间，让学生有足够的心理准备；适时点拨学生思维，助其成功，让学生尝到成功的喜悦，成功会带给他们更多的自信、自尊。

总而言之，现代的课堂不再是老师的一言堂，而每一个学生才是主角。教师的作用在于"引导"学生，帮助学生收集、获取、处理信息，真正成为学生的启发者和组织领导者。

课堂上需要做到：①把学生当作主体，将学习知识这一阶段变成知识提升的一个阶段；②把学生当作主体的意思，就是要在学习的过程中让学生自觉地去提问题；③老师也不用浪费时间去进行知识点的重复；④支持学生可以在学习过程中将自己的想法提出来；

⑤如果教学实践和原来设计好的教学过程发生了分歧时要马上进行调整；⑥要把教学效果排在首位，并且要在课堂上给学生们提供充分的时间去进行讨论和思考。

教学不仅是科学更是艺术。它的目标就是为了将学生的素质进行提升，而英语课堂则需要教师进行发展、探究以及完善。要善于在课堂上将教学艺术发挥出来，给学生们制造一个轻松愉快的学习环境，让学生喜欢学习，爱上学习，这样就可以提高教学效果。

（三）自主学习的策略

1. 自主学习的认知策略

学习策略是由两种相互作用的成分组成的：一种是基本策略，被用来直接作用于学生的学习活动，如领会、记忆等认知策略；另一种是支持性策略，被用来维持适宜的学习气氛，使学生的学习活动得以顺利进行，如，情绪激发策略、监控策略等。"在自主学习过程中，认知策略和自我监控策略是学习者应该掌握的两种主要学习策略"①。

现代认知心理学把个体知识分为两类：一类为陈述性知识；另一类为程序性知识。陈述性知识是个人能有意识地提取线索，因而能直接陈述的知识。这类知识主要是用来回答世界是什么的问题。程序性知识是个人没有意识地提取线索，只能借助某种作业形式间接推测其存在的知识，它主要用来解决怎么办的问题。这里的"知识"是广义的知识概念，它不但包含了狭义的知识（陈述性知识），也包含了技能知识（程序性知识）。一般而言，认为广义知识的学习经历了习得、巩固和转化、迁移和应用三个阶段。

把认知策略分为促进知识习得的策略、促进知识巩固与转化的策略、促进知识迁移和运用的策略三种来分别加以分析。

（1）促进知识习得的策略。在学习新知识时，学习者会根据学习目标，自主分析新信息，并将短暂性地存储在记忆中。当新的知识开始互相建立关联，并将原有知识激发时，二者共同形成一种新的联系，便进入原有知识框架之中。因此，知识属于陈述性，而程序性知识，由学习开始，即要学习知识能够陈述的形式。对于习得阶段主要体现在以下几个方面：

①选择性策略。在学习新知识的过程中，要集中注意力，对信息不断进行加工，比如一个筛子，保留需要的信息筛，筛除不需要的信息，这样可以使人们更轻松，快速掌握所需要的信息。总而言之，选择性策略的学习方式，是让学习者提高学习信息的分析能力，对所需核心信息能够有高度的警觉性，是为后续信息学习加工提供有利的条件，奠定良好

---

① 李丽雯. 多媒体网络环境下英语自主学习监控的探究 [J]. 教学与管理，2010（27）：124.

的基础，并且始终贯穿于学习过程，会在发动、维持学习阶段起到重要作用，是良好的信息加工推进器。

从内容上，可以将选择性策略分两个方面：一个是简单策略；另一个是结构性策略。简单策略，即把注意力集中在文章内容上；结构性策略是对标题、题句、总结性话语等加以分析。

从形式上来讲，选择性策略主要分为两种：一种是分隔式策略；另一种是抽样式策略。分隔式策略是利用分割式方法，将学习内容分割成若干个部分，一个部分一部部分地学习；抽样式策略是挑出感兴趣的内容，先学习，即抽样式方法。比如，对完全陌生知识的部分内容等，而学习较慢的人，大多会选择已经有部分熟悉的知识，这种选择性没有主次之分，但是会出现重复学习的情况。因此，导致学习量大，效率低，学习质量差。

②组块策略。组块策略是采取将信息分组的方式，增强短期记忆性，能够记忆信息的策略。通常组块学习模式是根据以往的知识经验。这种经验的表现方式可以是字母、数字、单词，甚至是词组、句子等。值得注意的是，在不同的组块中，所表达的信息并不是与原来完全一致，但学习者要对其进行掌控，并加以保持，耗费时间基本相等。

③多重编码策略。利用视觉、听觉、嗅觉等信息捕捉渠道，对信息进行采集和编码方法。科学证明，记忆信息大部分源自视觉，在相同时间内，视觉能够更好地接收信息，如果视觉能与听觉互相作用，则会产生化学反应，效果要比单纯的听觉好很多。由此可知，"学习新知识时，要利用多种感官共同作用，并且有效结合协调"①。

（2）促进知识巩固与转化的策略。

①复述策略。这种方法主要是针对部分重点学习内容，进行重复多次学习，以便深刻牢固掌握，这种方法适用于短时记忆和长时记忆，其过程是强化注意能力、增强存储信息能力。

复述主要体现在对内容起到基础支撑性言语，进行选择性保留，并不断加以复述。对简单材料而言，只需要对维持性言语，采取某种顺序加以复述；对复杂材料而言，要先筛选出重点，并对重点部分加以复述。

确保复述的良好效果，主要有三点：一是选择适当的复述时机，并进行分散复述，让二者有效结合。根据艾宾浩斯遗忘曲线可知，人的遗忘过程呈现出的趋势是先快后慢，学习新知识，在20分钟后，其遗忘率高达42%，之后遗忘的速度开始减弱，直至两天后，

---

① 韩美竹，席静. 高中英语课堂教学风格和学习风格匹配情况的调查研究［J］. 教学与管理，2006（12）：51.

已经基本无变化。由此可见，要及时复述。当天学习新的知识，需要当天进行复述，并且参照遗忘曲线，合理制定策略。二是选择适合的复述方法。好的方法是成功的关键，要根据内容性质，选择背读结合、多种方式协调记忆以及复述等方法。三是适当进行复述。复述次数的多少，与记忆的效果成正比，因此反复学习是有必要的，但不能盲目重复学习。

②精加工策略。复述对于学习是有效地巩固手段，也是一种较低端的信息加工方式。对于精加工而言，指有针对性地将输入信息，深层次、精细化加工，即可以在记忆内容基础上，加入自己理解等内容，目的就在于记忆新的材料更加深刻。精加工对学习起到至关重要的作用，能够达到高效获取陈述性知识、基础性因素。在学习的过程中，精加工策略主要分为笔记法、比较法及记忆术。

第一，笔记法。笔记法分为在书上做笔记、听课时记笔记、制作相应的读书笔记。在书上做笔记是指阅读时学习者可以在书上对有感悟的内容进行适当画线和标准，方便学习者之后阅读和学习，能够快速地筛选出材料中相关的重要信息，提高阅读效率，并且有增强重要性信息识别度和敏感性作用，提高学习效能（表6-1）。

表6-1　笔记法

类别	内容
做听课笔记	学习者在听课时，记笔记不仅可以及时准确地记住授课人所讲信息，为以后重复学习打好基础，还能够帮助自己在听课时集中注意力，甚至在记笔记的过程中，能够帮助自己建立新知识与旧知识的联系。听课笔记主要分为笔录式、纲要式等笔记形式。笔录式笔记是逐字逐句记载，学习效果较差；总结性笔记是对内容概括加工，学习效果较好；纲要式笔记是学习者组织语言，对内容进行精加工，这种学习效果最好
做读书笔记	读书笔记分为多种。其主要根据纸张形式，如笔记本式、卡片式等。同时，依据学习者个人能力，将其分为两种笔记格式：一种是摘录式笔记；另一种是评注式笔记。相比而言，摘录式笔记大多是来自原书，改动较少；评注式笔记则大多是由学习者总结，并且加入个人感悟和理解，加工较多。对于客观性知识，常采用摘录式笔记形式；对于思想观点和社会科学等方面的知识，常采用评注式笔记形式
自我追问	自我追问的方法是通过不断向自己提出问题，自己解答问题，然后再追加提问方法，这样做的目的就在于帮助新旧知识更好地建立起联系，帮助学习者加深印象。对于问题的理解效果而言，有相关研究表明，学习者向自己提问，比教师向学生提问效果更好。此外，学习者互相之间的提问，效果也较好。因为合作学习能够让人产生激励的情绪，互相形成良性的竞争关系

第二，比较法。将两种或两种以上易混淆的知识点进行相互比较，帮助学习者更好区分并强化理解。比较法是常用的精加工方法，对易混淆知识点进行区分，有利于记住新概念，更好地理解其中内涵。

比较法分为求同比较和求异比较两个方面：一是求同比较。其是指对于两个知识点虽然表面有存在差异，但实质上具有共性的比较方式，即区分对象，寻求本质的特点；二是求异比较。对于表面上看似相近，但却有着本质区别的知识点进行比较时，运用求异的法则，求异时对于两个事物之间进行区别和联系，以达到防止混淆的目的。例如，分数与百分数之间，它们的数值相同，并且可以互相转化运算，读法也相同。但值得注意的是，求同比较时，学习者要以相应概念和相关的定义为基础，解释事物特征，并作为比较的参考点；另外，在求异比较中，需要根据实际情况运用合理方式。

第三，记忆术。记忆术作为一种精加工方法，受到人们的广泛应用。它将无意义的材料赋予其某种定义，帮助人们记忆。记忆术分为很多种，其核心方法是联想记忆法。它是利用联想方式，将无意义的材料，采取附加意义的形式，进行整合并建立联系。联想是由此及彼的推类。联想的方式也有很多种，因为事物之间存在不同联系，所以可分成接近联想、对比联想等。

接近联想是指事物在时间或空间存在着相近的共性，进而产生联想，如提到北京，会想到长城、故宫等；相似联想是指事物流露出的相似现象或者具有相似性质，而产生联想；对比联想指事物存在相反的特点而产生的联想；因果联想是指事物具有因果关系而产生的联想，如家乡高铁的开通，联想到祖国蓬勃发展，走向国际的高铁产业等。

③组织策略。将分散的信息通过某种方式，有效地聚合到一起，并且能够表达出各种信息之间的方法。组织策略也是一种信息深加工，是将信息化繁为简，从无序整理到有序，进行系统编码，从而提高学习者对材料的理解和记忆，有利于学习者降低记忆负荷。

组织策略对于优秀学习者而言，是必不可少的学习策略。科学研究发现，学习成绩好的学生，具有更强的能组织信息能力，主要有以下两种方法。

第一，聚类组织法。聚类组织法又称为归纳法，按照特征及类别，将材料进行整理的方法。在处理不同类型，而且任意排列词组时，可以先进行聚类，再整理。聚类组织法有利于学习者搭建起新旧知识之间的联系，形成一个知识结构框架，进一步优化原来的知识，达到良好的学习效果。

第二，概括组织法。将学习材料进行优化，即"要砍去枝节，直取要义"的方式。概括法有五个原则：一是砍去枝节。将耗时而且不必要的材料"砍去"，节省学习和记忆的时间。二是删掉多余。对于反复出现的内容，或者前后内容仅仅是形式上略有不同的，应该将其删去。三是代以上位。其分为两种：一种是由点及面；另一种是用一般方法代替整体。四是择取要义。找出核心句子。五是自述要义。在处理没有主题句的段落时，学习者要构建一个主题或中心思想，是一种深层次，具有高水平的概括方法，需要具有一定的概括能力。学习者利用概括组织法，能够节约记忆时间，还可以记得更加牢固。

对于概括方式，主要分为以下两种方法（表6-2）。

表6-2　概括组织法

纲要法	从材料中提取要义，并且罗列纲要的方法。一般而言，纲要法会找出材料中标题、主题句及关键词等，作为提炼出的纲要，并通过数字、图式、等方式，将知识联系展示出来
网络图法	即思维导图，可以根据发散型枝叶、孔雀屏等形式，制作成类似的思维导图。其实际上采用一个核心点，向四周有层级地进行辐射，该网络主要由词汇、线条、编号等组成，可以运用不同颜色的线条，则显得更加明朗。这种图的优点就在于简明、直观，能够清楚地展示要点以及它们之间的逻辑关系，还可以提高思维的拓展能力

④变式练习策略。学习知识，大多都是陈述性的，如何让它们转化为更好记忆的程序性，则需要变式练习。其主要的方法是明白其中概念及形成规则。变式练习是指在其他学习条件相对不变的情况下，运用概念和规则发生改变。它能够帮助学生更好地把握问题本质，并且忽略无关特征因素的影响。在具体知识应用时期以及面对题型或相关问题情形的改变，能够帮助学生有效地解决问题。例如，医科大学的学生在就业时，需要经历一段很长时间的实习生活。因为从书本到实践，要经历一个过程，这个过程是将陈述性知识通过变式练习，应用到现实中，最后医诊的结果要利用陈述性知识，将其转化为技能。由此可知，医生的医术与临床经验成正比。

在概念和规则习得的最初阶段，宜设置与原先学习情景相似的问题情景来进行练习，练习课题之间要保持一定的同一性。随着知识的渐趋稳定和巩固，问题类型要有变化，可逐渐演变成与原先的学习情景完全不同的新情景，以促进学生概念、规则的纵向迁移。

（3）知识运用与迁移的策略。根据现代认知心理学角度，知识的迁移要顺应学习的先决条件，并遵循学习中的理解和运用，这种过程就是化解问题。

问题是先有做事情的主观意志，但却不知道如何着手，以及需要进行的一系列行动。主要包含三个方面的构成要件：一是起始状态，即起点，是已知条件，具有数据、关系以及问题状态等外部表征；二是目标状态，指对问题进行具体描述，人们进行解答；三是障碍要件，是潜藏的解决问题办法。人们在处理问题时，需要进行思考，间接寻找解决问题的方法，解决问题。由此可见，这三要件是环环相扣。解决问题指行为人自身处于某个问题情境，为解决问题，进行认知加工的过程。问题有多种解决办法，依照问题解决的具体阶段，具体如下。

①问题表征策略。要先进行分析，然后找出问题条件、相关要求，存在的障碍等。问题表征策略的具体实施办法，主要分为仔细读题与审题，从整体上研究问题。

第一，仔细读题与审题。学习者首先在读题时，必须要清楚题目的每一个细节，才能精准掌握题目意思。读一遍之后，在需要重点研究的地方进行适当复述，或者进行想象，将题目的情境像放电影一样，在脑海中重复几遍，加深印象，有助于解读题意。

第二，善于从整体上研究问题。通常问题的提出是由很多部分组成的，准确理解每一个部分，不代表能够正确解题，还需要了解它们之间的相互联系，才能够完全把握题意，在此基础上进一步分析、判断题目类型，最后用相关的知识解决问题。在处理相对复杂的问题时，学习者可以使用一些技巧来帮助自己把握问题的整体性，如采用符号标记、作图示意等方法。

综上所述，表征问题的本质是明确问题要件，在大脑中形成问题结构，然后运用思维方式，找到相关的知识，再将其转化成解决问题的方法。

②具体求解策略。现代认知学派对于问题的解决方法，通常是采用算法式和启发式策略。算法式策略，即规则式策略，对存在能够解决问题的途径，进行逐一尝试，缺点是费时；启发式策略，指根据遇到过类似的问题，所产生的经验以及受到的类似启发，适当运用技巧，加以解决。这种方法比较省时，可以为学习者提供方向，有助于他们的思维能力锻炼。具体有以下几种方式。

第一，手段与目的分析。行为人清楚认识到，目前所处状态与情境，距离所需要实现的目标中存在的差距，然后行为人把解决问题的途径，分成若干个划分阶段，即小目标，再将它们逐一击破，最终缩短与目标的距离，从而达到解决问题的目的。手段与目的分析法，核心的部分在于找出恰当的子目标，并且选择最有效的方法。

第二，逆向反推法。逆向反推法是谋求结果的逆向推理。它根据目标的开始，一步步进行反推，最终推到问题原始状态的方法。例如，迷宫游戏，进入迷宫有多种通往前方的道路，但是只有一条道路才能走出迷宫。如果儿童从起点出发，很容易走不出来，偏离目标；如果从目标点出发，则会走到起始点，这就是逆向的思维推理。值得注意的是，在面对具体的问题时，应将上述两种思维结合起来，有利于问题的解决。

第三，类比法。行为人按照目标相似性，进而将某一问题的解决方法，尝试安装在另一个问题的处理方式之中。类比法形式多样，通常采用四种类比方法：一是个人类比。当处理一个复杂现象时，需要行为人将自己当作其中的一分子，融入这一情境中，这就是个人类比。二是直接类比。对于正在解决的问题，和其他问题互相比较的方法。这种方式在生物学领域内得到了广泛应用。三是象征类比。运用视觉形象，将问题转化为清晰形象，有利于寻找曾被忽略的地方，进而达到解决的目的。四是疯狂类比。将问题的目标作出解决方案，然后经过一系列修改，最后成为能够在实际中应用的办法。应该强调的是，类比法解决问题的难度，在于对象的相关性程度，如果它们本质相似或者大部分相同，则解决的可能性较大，否则较小。

③反思总结方法。解决问题后，行为人不仅要关心方法是否正确，还要进行反思。通常，能够顺利处理问题，不需要过多反思；对于比较棘手的问题，则需要认真进行总结。

总结的步骤主要有三个方面：一是认真分析。是否已掌握习题相关知识框架，是否具备运用相关知识的能力；二是回忆解题思路。总结经验，找出存在的问题；三是勤于思考。认真分析是否还有更简单的办法，要与他人的解题思路进行比较，取长补短，感悟他人思路中的技巧。

2. 自主学习的自我监控策略

自我监控是指学生为了能够实现自己所设定的目标，在学习活动中，进行不断自我调节、计划学习内容，并进行一定评价、反馈以及控制的阶段。学生通过将各种学习策略应用在整个学习阶段中，称为自我监控策略，这种层次相对原来层次来说，是更高的一种策略。这种策略能够让学生将自身情绪、注意保持良好；让学生可以根据学习内容，把学习特色结合进行分析学习，同时规划出一套可行性计划；让学生选择适合自己的学习方法，然后进行跟进监督，让学生能够按照自己制订的计划进行有效学习；这样做不但可以让学生进行到反思，还可以让他们在学习中学会总结，获得经验并吸取一定教训，让以后的学习更加顺利。

如果学生能够将自我监控策略使用在学习中，不但可以将学习效率提升，还可以让学生不再冲动和盲目的学习。根据实验证明，学生如果具有一定的知识基础，在自我监控方面对学习成功会产生较大影响。自我监控水平一般和学习能力成正比，水平越高，能力越强；相反，水平越低，则能力越弱。

自我监控策略在成分上主要分成五个步骤：①学会列出计划，有效进行学习策略；②监控学习策略中每个步骤是否在有效进行；③学会检验学习策略过程以及结果；④策略在必要时要进行一定修改；⑤评估策略，确定学习策略是否有效。可以归纳为以下三大策略。

（1）自我计划的策略。在进行学习活动之前，要进行自我计划。在某一阶段，学习者安排并设计好学习活动。学习者在进行有效调节以及观察这一步骤的基础，则是自我计划，也是一个比较主要的特征。自我计划如果能够长时间坚持，不但可以将自我监控提升，还可以养成良好的自主学习习惯。

①自我计划方式。主要分为以下四种方式，见表6-3。

表6-3　自我计划方式

文章式	将计划列举出来变成文章的形式，主要包括的内容：名称、指导思想、制定目标、具体的学习内容以及任务、合理进行时间安排、检查等。这种形式的计划属于概括性计划，比较适合运用在大范围的学习中，指导性较强
条条式	将学习计划一条条列举出来，主要是根据学习任务进行制定，每一条学习计划当中都包含任务、时间等，内容简单明了，比较适合使用在中型范围的计划中
表格式	将学习内容根据表格的形式列举出来，主要是按照时间进行划分，根据时间段制定学习的主要内容。这种形式比较适合时间稳定的计划，能够帮助学生养成良好的学习习惯
脑中计划式	将学习计划制订在脑海中，不以书面形式列举出来。这种脑中式主要运用在时间短的计划中

②自我计划要求。主要有以下四点，见表6-4。

表6-4　自我计划要求

制定目标	根据实际学习难度、时间以及承受能力，进行学习目标的制定。一般情况下，自主学习能力比较强的学生，更加喜欢比较有挑战性，并且内容比较具体化的目标
选择适用的策略	学习者需要知道每种学习策略适用的条件，根据已经确定的学习目标来选择策略，并且能够根据条件变化灵活地变换学习策略
时间规划要科学	学习的时间顺序及最佳学习时间要有科学的安排，以保证学习按期、及时、有效地完成。例如，学习内容要交叉安排，使大脑的不同部位交替兴奋，以防产生学习疲劳；在效率比较高的时间段里安排比较困难复杂的学习任务，在效率比较低的时间段里安排简单的学习任务等
养成执行学习计划的习惯	计划制订出来后，要按计划执行，养成习惯，否则计划就失去了意义。当然，在执行计划时，学习者可根据对执行情况的监控需要对计划进行适当调整

（2）自我观察的策略。将自身学习作为观察对象，从而进行监督和了解，是自我观察的含义；了解主要是分层次进行了解。在特定环境中，自我观察主要包含感知、行为以

及言语认识。

①自我记录技术。在学习阶段，提升学生的自我观察力，方法是让学生进行完活动之后，进行学习清单填写，这样可以让学习者更加清楚地知道学习行为所发生的时间频率以及程度。对学生的自我观察进行指导，有以下记录方法，见表6-5。

表6-5 自我记录技术

自我报告	自我报告是一种书面描述方式，主要描述学生行为以及情境。这是有效用于记录学习过程的一种方式
频次记录	频次记录主要是围绕时间进行记录，将某一时间内发生的学习次数进行统计。方法简单，容易实施；缺点是信息含量较少
持续性测量	持续性测量主要是将学习行为进行一系列记录。这种方式能够将行为变化很好地显示出来
时间抽样法	围绕时间进行，主要是将时间分割成多个时间段，然后从中抽取一段，将学习行为次数进行记录；主要是用于学业任务
行为评估	在特定时间内，评估学习行为的发生程度情况
行为跟踪	行为跟踪是一种比较系统的记录方式

②自我提问技术。自我提问是指学生在学习活动中自觉意识问题、表达问题的心理过程。自我提问既包括直接对学习对象（教材、阅读教材、教师授课）的提问，又包括对自身学习过程的提问。对自身学习过程的提问能够促进学习者对学习的自我观察，以引导自身的学习过程或检查学习质量。

（3）自我评价的策略。自我评价是指学生根据评价标准、判断以及分析自身学习活动，并且进行自我调节。评价标准是提前制订计划以及目标。自我评价有三种主要功能，分别是诊断、激励以及反馈。在一定标准约束下，对自我观察进行信息分析以及处理，并且将自己在学习方面的优点以及缺点评价出来；将失败原因进行及时反馈，以奖励的方式激励今后的学习；根据分析结果，适当将自己的计划、策略以及学习态度进行调整，促使自己向目标的正方向前进。

自我评价存在有多种方式，如结合定性及定量分析、结合诊断性以及总结性、结合绝对与相对评价。另外，通过写日记、提问或者奖惩方式进行自我评价。主要有以下方式可以提升自我评价能力。

①在学习前进行具体的目标制定，并且制定目标完成结构的检查。

②有具体的标准进行衡量，让学生根据标准对自己学习情况进行评判。

③如果教师没有及时进行反馈，则要求学生对自己的情况进行评判。

④支持学生的自我评价行为。如果学生和教师在自我评价内容上一致，则在原来基础上进行强化。

将自我评价和他人评价相互结合。一方面他人评价有着很强的客观性，可以将实际情况真实反映出来；另一方面可以提升自我评价能力。

二、自主学习的教学策略

教师和学生之间应该是相互尊重、相互促进、共同成长的关系，重视学生知识的掌握和能力的提高，尤其是学生主动性的养成，在学习过程中指导学生深度地分析和探索，为他们营造一个轻松愉悦的学习氛围，保证其个性化发展。只有教师改变教学方式，学生才会将学习方式变被动为主动。但是，主动学习并不表示学生自己学习，而是也需要教师的指导和帮助。

长期以来，学生在传统课堂上已习惯了他主学习。要转变他们的学习方式，绝非一蹴而就。在某种程度上，学生学习方式变革的缓慢，有学生自身的原因，但是主要的还在于深受教师的教的方式的影响和制约。从课堂教学的角度看，要实现学的转变，就要实现教的变革。这就要求教师必须深入到具体的课堂教学实践层面，依据学生自主学习各个环节的具体学习特点，展开有针对性的指导和教学，既帮助学生获得有效进行自主学习的策略和方法，也为学生自主学习的顺利实施创设宽容、有益的支持性情境。

无论是把指导自主学习的教学过程分为哪些阶段，基于自主学习的教学过程一般都包含：激发学生主动学习—制订学生学习计划—指导学生自我学习—指导学生解决问题—指导学生自主评价—指导学生自我拓展六个基本环节。具体探讨自主学习教学的策略有以下几点。

（一）激发学生主动学习的原则与策略

主动学习的关键是主动学习行为在发生之前的出发点，是学生自愿并且喜欢的，学生内在动力的加强至关重要，能够主动将学习目标的实现作为生活中的重要组成部分，并且转化为自己能力以及内在动力的加强。因此，教师在促进其内在动力时，应该参考其规定与方式。

1. 激发学生主动学习的原则

（1）确定任务。学生在主动学习的过程中，应该确定任务。关于原因、内容以及学习方式等，都要清晰明确，要达到自身能力与学习任务相匹配，学习任务也可以进行分类，例如长期任务与短期任务。所以，教师可以指导学生设立一个长期任务，为提高自身能力实现自我价值，同时指导学生设立短期任务。从心理学角度出发，在任务设定上，要保证适中，不但需要能够完成，而且需要通过自身能动性来完成。

（2）成就感的获得。在主动学习的过程中，教师可以为学生创造良好的学习机遇，定期给予鼓励和支持，不断增加其内在动力。

（3）兴趣的养成。学生对理论知识的兴趣程度，可以从两个方面进行分析：一方面是对其感官认识而造成的喜欢；另一方面是因为两者之间的相关性而造成的喜欢。换言之，因为对未知的好奇而引发的分析和探索。教师在教学之前应该做好充分的准备工作，不仅要激发学生的学习爱好，还要让他们认识到其关联性。

（4）良好的关系。学生之间或者学生与教师之间要保持一种良好的沟通关系，这样会促进学习的内在动力。如若交流关系中出现问题，会降低学生的学习兴趣以及专注力，阻碍学习任务的完成。所以，学生与教师之间的关系应该是相互尊重、密切合作。

2. 激发学生主动学习的策略

根据对高级教师的工作经验进行深度探索，可以总结出以下四种方式。

（1）创建情景。通过创建多种形式的教学情景，激发学生的学习兴趣。例如，多媒体教学或者表演式的教学与学习。

第一，教学方式的多样性，尤其是多媒体的教学方式，不仅为学生提供了视觉方面的享受，而且增强了学生的学习兴趣，学生可以全身心地投入学习。在运行该方式时，需要注意：①多媒体教学的应用要结合之前的学习方法和教学方式，不能一味地追求新型的教学方式而忽略最终目的；②新的教学方式的运用，要结合学生的性格特点。这种教学手段尤其适合那些处于感性思维阶段的学生；③使用多媒体时，应充分发挥多媒体的作用；④教师在实施新型教学方式时，要充分结合和利用各种资源。

第二，表演的教学方式，为学生营造一个能够自由发挥的学习场景，学生可以将模拟表演方式运用到知识中，这种方式不要求其他外界辅助，最终也能够达到同样的教学效果，特别是语言类教学。在具体的实施过程中，一般有两种情形：一是先想象、阅读，后体验；二是先体验后阅读，其实施条件是学生没有相似经历。

（2）设计问题。在主动学习过程中，学生关于感官方面的喜爱以及学习内容之间的相关性所引发的兴趣，都是同等重要，在此期间需要创建新型的问题方式。在执行这个方式方法时，一是教师应该重视任务对象与学生爱好之间的相关程度。二是教师是教学主导者，在教学内容创建过程中，可以添加教学之外的常识。例如，一些有趣的事件等，对于增加学生的内在动力会起到较大的作用。三是问题的创建要形成鲜明的对比，学生对事件的真伪产生强烈的疑问，进而增强学生的内在动力。

第一，关于实际性问题。在教学过程中，教师可以在教学内容方面结合能够引发学生好奇心的案例，加强学生对常见知识的深度探索和分析，起到承上启下的作用。

第二，关于有趣的事件。为了促进学生对未知事物的好奇程度，教师在教学过程中，可以通过有趣的事件，引出之后所要讲授的内容。

第三，关于强化题。每个学生都具备勇于战胜自我的本性，尤其是在学习过程中，如果遇到难以解答的问题，通常学生会进行深度研究，直到得出答案，并且能够从中获得成就感，进而增强内在学习动力。所以，在教学过程中，教师可以添加强化题，增加学生的求知欲望。

第四，关于引起争论的问题。在设计教学内容时，教师可以赋予题目强烈的反差性，适当提出新的问题，避免学生一直是处于争论状态。

第五，关于动画节目。每个学生的性格特点不同，所以关于问题方式，要根据其性格特点进行相应匹配，这样才会强化他们的学习动力。

（3）帮助学生设立学习任务，规划每个阶段的学习方案。主动学习要求学生的一切任务都要由自己完成，加强学生的内在动力。学生在完成学习任务过程中，会提高自身能力以及所获得的成就感，会转化为自身内在的学习动力。此外，在自主学习的课堂上，教师还要注意引导学生因人而异制定出切合自身的学习目标。

（4）增强学生的内在动力。在主动学习过程中，任何一个学生都要获得成就感。①在任务设立过程中，教师可以将任务分化成多个任务，学生可以参考选取或者再自己设定。从心理学角度分析，任务的确定应该与学生的实力相匹配。②优先后进生的策略。换言之，教师在提问题时，要特别关注后进生的学习情况，使他们在课堂上能够轻松学习。③每个学生的进展情况具有差异，所以在进行阶段性测验时，需要考虑到差异性。④立刻强化的方式。学生们在完成学习任务时，需要立刻强化他们的积极行为方式，使他们立刻体验到获得成功的快乐。

（二）制订学生学习计划的原则与策略

一般情况下，一节课的学习计划、时间及基本任务是相对不变的，学生应该在规定的时间内完成自己制定的任务。教师在指导学生制订学习计划时，首先，应指导学生对学习时间作合理的安排，以免出现前松后紧、顾头不顾尾的现象；其次，在学习内容方面，应指导学生按照由易到难的顺序进行学习；最后，制订学习计划要考虑到个性差异，应指导学生依据个人特点来制订自己的学习计划。教师在指导学生制订学习计划时，可采取先公布教学基本计划，再由学生自订学习计划的策略。

在制订学习计划时，学生要依据自身情况制定适宜的学习目标。新课程标准为学生规定了学习的基本目标，也给自主学习创设了极大空间，在掌握了基本学习任务的前提下，学生要调控自己的学习进度，制定自己的学习目标。要使学生的目标计划制定得科学合理，教师需要进行一定的指导。学习目标的制定在学习计划中居于非常重要的地位，并且自主学习也十分强调学生自主制定目标，鉴于此，以下将主要分析教师在指导学生自主制定目标时的一般原则与策略：

1. 制订学生学习计划的原则

（1）标准清晰规则。学生设立学习任务时，要求教师让学生掌握任务完成的标准，学生才能明确适合自己的学习任务。对于任务标准，每个学生的理解各不相同。其中包含：①完成的可能性，也就是任务完成与自身能力之间的匹配度；②自信心的提高，一定要对自己任务的完成充满信心；③可直观预估，任务设立可以估量；④有价值，也就是说任务的完成能够对自身能力有所提高，有其价值性。

（2）明确环节规则。主动学习要求在其过程中，一切是由学生自己完成，但是在开始设立任务时，学生们是处于迷茫状态的，这时需要教师发挥其作用，参与其中，指导和帮助学生并告诉学生任务的具体标准，这样学生就会有一个清晰的思路设立学习任务。任务设立的具体环节包括：①任务的确立；②明确标出任务完成的每一个环节；③全面思考整合过程中会出现的问题；④研究应对方法和手段；⑤对于任务的完成，需要给自己确立一个期限，定期进行效果评估；⑥目标实现以后的自我强化。

（3）任务分解规则。教师可以指导学生将目标分化成若干个小目标，从实现每个小目标后，进而完成整个目标，不仅可以降低压力，还能够增强学生的能动性。学生能够体验到完成任务之后的成就感。

（4）任务明确规则。教师应该从三个方面帮助学生确定学习任务：第一，学习任务的确定，应该从多个角度来进行选取，除了知识掌握层面，还应该从经验、技巧、情商智商等角度来进行任务的确定，最终从多方面提高学生能力。第二，任务设立的时间期限以及学习方向的正确性。根据时间期限，可以分为短期任务和长期任务。短期任务的完成，学生可以获得成就感，提高自信，增强能动性。第三，任务的合理性、正确性以及科学性。任务的设立要适中，不应该过高或者过低。过高以及过低的学习任务，都不会使学生获得成就感以及增强他们的信心和能动性。所以，任务设立的难度要适中，只有这样才能让学生实现自身价值，获得成就感。

（5）目标陈述原则。目标陈述原则主要包括两层含义：第一，陈述课堂教学目标。由于课堂教学目标从本质上而言，是学生的学习目标，所以，教师在陈述教学目标时，要用学生的语言来进行描述，使教学目标真正转换为学生的学习目标。陈述用语尽量做到明确、具体，具有操作性。第二，陈述完成学习目标的意义。给出理由的学习目标，能够使学生更清楚地认识到学习目标的价值所在。在指导学生学习时，教师可以告知学生完成学习任务的意义，会更好地引导学生自主学习。

2. 制订学生学习计划的策略

教师指导学生制订学习计划的策略，可以应用以下四个基本方式。

（1）讨论处理方式。在主动学习教学中，教师应该为学生创建一个安静良好的学习环境，学生可以毫无压力地进行学习。教师和学生之间的关系应该是民主平等的。所以，在指导学生设立任务的过程中，教师可以和学生进行商量和探讨，相对于下命令的控制方式，学生会更加容易接受，意识到自身责任感，能够激发起自身内在的学习动力。

（2）对比式。主动学习的教学方式，要求学生自己设立学习任务。但是偶尔学习任务的设立不具有规划性，比较随意，甚至实现不了学习目标。因此，让学生确定学习任务，教师再将自己为学生规划的学习任务展现出来，学生进行参考。选取这样的方式不仅能够培养学生实现创新性和主动性，而且教师也能够在其中实现自己的价值。换言之，在学习任务实施之前，首先要设立学习任务；其次在教学时，与教师制定的任务进行对照，通过对照学生能够意识到任务完成的可能性，而且会去考虑自身能力与目标实现的匹配度。

（3）自选菜单方式。主动学习的过程，能够使学生意识到自己所占据的主导地位，教师可以提前为学生们制定出多种任务，再让学生参考和选取，目的是使学生能够完成自身任务的设立。在教学之前，教师将自己为学生制定的多种学习任务罗列出来，在教学过程中供学生参考应用。这种方式的选取，实际上是指导学生自己完成任务，不仅考虑了学生之间的区别，还实现了教学的目的。

（4）普通具体方式。在教学过程中，要求教师要考虑每一位学生的性格，并且使学生在每节课程中都能够完成教师制定的阶段性学习任务。所以，学生在设立学习任务时，教师可以先为学生设立一个大众性质的任务，学生可以参考，最后自己再设立任务。

（三）指导学生自我学习的原则与策略

自我学习指的是，学生在有了强烈的自主学习动机并制定出了适宜的学习目标后，以独立或合作的形式进行学习的过程。自我学习是自主学习的一个非常重要的阶段。如果说学习动机激发、制订学习计划及目标两个阶段更多的是为自主学习的开展做准备，那么自我学习则是学生开始进行自主学习的真正实施阶段。学生要顺利地进行自我学习，教师需要给予一定的指导。

1. 指导学生自我学习的原则

（1）促使目标内化原则。学生在自我学习时，应该对学习的任务及学习目标有清晰的了解。学生自主制定出目标后，并不能保证其在学习的过程中学习行为不偏离目标。这就需要教师适时、恰当地进行引导并让学生及时对自己的学习进行反思、调控，促进学习目标和任务内化为学习的动力，以便成功地进行自我学习。

（2）培养自我效能感原则。自我效能感，特别是学业自我效能感，与学生的自我学习具有着密切的关系。一般而言，学业自我效能感越强，学生的学习会越努力，坚持学习的时间也会越长，面临复杂情境时适应能力也就越强。学生在自我学习时，教师应培养学生的自我效能感，指导学生制定适合自己的学习目标，帮助学生建立起积极的、富有成效的归因信念。

（3）注重策略指导原则。自我学习很多时候是在没有他人指导或者帮助的情况下进行的。这就要求学生能够"会学"。学生的"会学"必须以掌握一定的学习策略作保障。学习策略可分为认知策略和元认知策略。教师在指导学生自我学习时，首先，应使学生掌握大量的认知策略和元认知策略知识；其次，要让学生明白何时、何地及为何使用认知策略；最后，要引导学生运用已掌握的元知策略和认知策略主动对自己的学习进行监控和调节。

（4）强化意志控制原则。意志控制对学生的自我学习具有着较强的维持功能。学生虽然在学习之初有一定的学习动机，但随着学习的进行、学习困难程度的增加，学习动机的推动作用会逐渐减弱，这就需要有较强的意志来控制坚持进行学习。因此，在学生的自我学习阶段，教师要鼓励学生不畏困难、持之以恒。

2. 指导学生自我学习的策略

指导学生自我学习的一般策略包括宏观设计和具体指导两个方面。

（1）学生自我学习的宏观设计。从宏观来看，教师对学生的引导首先表现在教师对教学过程的整体设计上。宏观设计包括以下五个方面，见表6-6。

表6-6　学生自我学习的宏观设计

策略	内容
自学辅导教学法	学生在英语学习的过程中，教师应鼓励学生自学的同时，加以适当辅导的教学方法，则是自学辅导教学法。这种方法实现了集体教学与个体辅导的有机结合，具体在教学步骤方面，可以细分为五点：①启发学生，并对学生加以引导；②指导学生按照适合自身的节奏，阅读课本教材，对速度快慢无特殊要求；③在练习模块，教师要提示学生自主完成课本练习；④学生做完练习后，教师公布答案由学生自主核对，对于练习结果，对优秀的学生要予以表扬，对练习结果并不理想的学生进行辅导，了解全班学生的知识掌握情况，在课堂上公开讲解学生普遍存在的问题；⑤教师在帮助学生答疑解惑的过程中，需要总结学生尚未理解和掌握的知识点，将零散的知识点进行框架化或系统化梳理，并完成课堂教学小结。以上五点应以学生自学为主、教师指导为辅助，其中，学生自主阅读、自主练习并自主核对答案环节，是自学辅导教学法突出学生主体地位的三大环节
异步指导教学法	制订学习计划、自主进行练习、注重发散思维、及时总结回顾、独立完成作业、积极改正错误、系统总结反思以及灵活运用知识，是学生在进行宏观学习过程中，需要历经的八个主要环节。贯穿宏观学习整个过程的常用教学手段有自学式教学、启发式教学、复习式教学、作业式教学、改错式教学和小结式教学
四维教学法	读、议、练、讲是学生在学习过程中常用的四种维度，通过这四种维度进行教学的方法，就是四维教学法。其中，"读"要求鼓励学生自主阅读教材，从课本中获得知识，教师在巡视的过程中，需要了解学生群体面临的普遍问题，并对个别学生进行重点辅导；"议"要求引导学生讨论先前在阅读环节遇到的问题，讨论可以采用小组形式展开；"练"要求学生通过自主练习，巩固所学知识，查漏补缺，练习的形式较为多样，可以采用开卷小结、书面作业、实验与口头问答等方式进行；"讲"要求督促学生积极地自我表达，并对所学知识进行言语总结。因此，四维教学法始终贯穿课堂教学读、议、练、讲整个环节，是最基础的课堂教学法
六步教学法	认知、情感和行为之间的相互作用，产生了六步教学法。这种教学法主要分为六个基本步骤：①定向，即确定课程的学习重点；②自学，即通过自主学习掌握知识；③讨论，即分组讨论不懂的问题；④答疑，即对于讨论无法解决的问题求教教师；⑤自测，即学生通过做题自行测验学习效果；⑥日结，即学生对课程知识和学习所得进行口头总结，由教师对总结做出评价，帮助学生及时获得反馈

策略	内容
练习教学法	练习教学法的基本步骤主要包括五点。①尝试练习。课程开始之初，由教师向全体学生说明课程要求、学习内容和学习重点，然后以课本中的例题为参考，设计一系列结构、类型相同的题型，鼓励学生通过阅读课本，尝试对题型加以练习。②自学课本。根据教师提出的思考问题，学生自主进行课本知识的阅读。③答疑解惑。对于完成尝试练习环节和自学课本环节的学生，需要教师对各种学习中遇到的问题进行解答，教师在解答学生困惑的同时，应该提醒学生继续研读课本。④分析讨论。对于课程知识点，由教师组织学生按照小组讨论的形式，积极进行交流思想、讨论问题、分析结果。⑤讲解总结。在课程学习结束前，由教师对课程内容和学习重点进行系统讲解，并认真总结教学难点

（2）学生自主学习的具体指导。在教学过程中，教师既需要宏观指导学生的自主学习课堂，也需要微观指导学生的自主学习过程。学生自主学习的具体指导主要包括：指导学生掌握教学内容、指导学生掌握学习方法、指导学生掌握探究训练等。

①指导学生掌握教学内容。自主学习主要包括两个方面的内容，即完成课程基本任务的同时，鼓励学生自主进行选择性学习。教师在指导学生掌握教学内容时，需要注意的要求：一是明确学习要求。教师应该将课前准备好的学习任务、学习要求与学习提纲提供给学生。二是教学内容与学习要求的设定要难易适中，具备广阔的弹性空间，让每位学生都能够发挥自身积极作用。设置的目标应让学生通过充分的自主学习、合作探究以后才能达到，而不是在课文中就能找到。现成答案。三是为了引导学生深层理解、掌握学习内容，教师还可列出思考提纲来引导学生自主学习。一般而言，思考提纲的问题，要有一定的深度，学生需要对知识系统理解后才能回答。

②指导学生掌握学习方法。恰当的学习方法，对学生自主学习的开展尤为关键。教师在指导学生自主学习时，必须培养掌握多种学习方法，并要求学生针对不同的情况，灵活选用最适合的学习方法。此外，教师可以重点讲解演绎法和归纳法，让学生在自主学习过程中，善于归纳、总结知识点，并在知识运用过程中，积极发散思维，实现归纳与演绎的自由运用。

③指导学生掌握探究训练。教师在指导学生进行自主学习的过程中，运用探究训练也极为必要。探究训练尊重学生的主体地位，鼓励学生在思考训练时，发现知识的奥秘。在探究性学习中，教师指导学生进行资料收集、选择及探究学习方式的策略有以下几个方面，见表6-7。

表6-7　指导学生掌握探究训练

类别	内容
提供信息	在探究训练中，观察与使用的客观对象，是存在于课外自然环境中的物体。由于受到时空条件的限制，学生对于动物数量与城市位置的实地考察通常难以开展，如果采用参考书面资料等途径学习，则学习过程会比较乏味又太过漫长，会降低学生的探究欲望。因此，教师可充当信息提供者，指导学生进行资料收集
选择材料	学生的探究学习中可能需要运用一些材料。这时，教师需要提前对材料加以选择，以使探究学习能更加有效地进行。教师准备材料时，应注意五个方面：①材料应和相关学科的某个重要概念有关，并且这个概念要能与学生以后所接触的概念共同构成一个完整的概念体系；②所选的材料应有吸引力，能引起学生的兴趣；③所选的材料应有多种作用，应能留给学生较广的思考空间；④每个学生都应有在探索时需要的、足够的关键材料；⑤随着学生的发展以及他们所要理解的概念逐步深化，应选择较复杂的材料，以促使学生进一步深入思考。
运用支架	支架，也叫脚手架。支架式教学，即在学生现有水平和潜在水平之间搭建台阶，这就需要把复杂的学习任务加以分解，引导学生逐步深入，最终达到目标。支架式教学分为搭脚手架、进入情境、独立探索、协作学习、效果评价五个环节。在探究学习时，为学生搭建脚手架是一项有效的策略。教师在为学生搭建脚手架时，需要对学习任务加以分析，分析学生的起点能力即现有能力

④设置问题。除了在问题学习模式中需要考虑问题的设置外，在平时大量的教学中，教师在引导学生的自我学习时，也同样需要设置问题，需要让学生在探究问题的过程中获得各种知识和技能。在设置问题时，首先，教师应在考虑学生的年龄特点基础上，设置与学习内容相联系的问题，激起学生的学习兴趣，同时引导学生运用所学的知识解决生活中的问题；其次，在设置问题时，应尽量选择那些有多种解决途径的问题，培养并发展学生的发散思维能力；最后，应考虑每个问题的层次性，按照由易到难、由简到繁的顺序设置。

总而言之，教师在设置问题时，可采取的策略：一是设置基于生活实际的真实问题。在设置问题时，教师应结合学生的生活实际，让学生在真实的问题情境中获取知识。二是设置一题多解的问题。求异思维是创造思维的核心，它要求学生凭借自己的知识和能力，对同一个问题从不同的侧面和角度进行思考，创造性地提出多种新的探索或解决问题的途径。三是设置尝试题。设置尝试题也是教师引导学生学习的一个有效策略。出示尝试题是尝试教学实施程序中的起始阶段，它的成功与否将会影响全局。

（四）指导学生解决问题的原则与策略

自主学习的课堂上，学生是问题的自主解决者，但学生在问题的解决过程中，往往需要教师适时有效的指导。教师在指导学生解决问题时，应依据一定的原则与策略。

1. 指导学生解决问题的原则

（1）问题自主解决原则。学生自主进行学习需要教师的尊重与信赖，即使在学生犯错的情况下，教师也不应该剥夺学生自主解决问题的权利。鼓励学生自主解决问题，教师要避免过多地干涉学生，给学生自主探索的空间。

（2）团队合作共进原则。合作是时代的主题，在学生自主学习的过程中，遇到问题难以解决时，应该发挥团队力量，在合作精神指引下，共同致力问题的解决。对于团体解决不了的问题，教师可以加以指点，鼓励团队合作攻破难题。

（3）指导策略选择原则。教师在指导学生自主解决问题时，要详略得当，重点分明，鼓励学生发散思维，注意选择合适的指导方法与指导时机。

（4）思考时间充裕原则。学生在自主解决问题的过程中，教师应该给予学生充足的思考时间，不能因为教学进度问题，而取消学生自主思考的环节。

（5）注重过程教学原则。学习过程的启发性，比单纯学习结果更有价值。教师在指导学生进行自主解决问题的过程中，不应该将问题结果直接告诉给学生，而应该鼓励学生自主思考、分析，探究问题的解决方法。

2. 指导学生解决问题的策略

在解决问题过程中，学生是主体，教师是负责指导学生、启发学生的参与者。讲台上的教师，面对学生遇到的困惑，应该给予适当指导与点拨。具体而言，教师的指导行为应该注意：第一，鼓励学生团结协作，共同探究疑难问题的解决之道；第二，在思维上引导学生，而不是仅将问题解决的结果告知学生；第三，指导学生掌握答案核对的技巧与策略，注重学生良好习惯的养成。

在引导学生解决问题时，教师可以尝试四个方面的策略：①注重过程教学。新课标在评价学生学习成果时，应关注学生的学习过程。教师对学生问题解决的引导，应该重在使学生明确问题的解决方法，注重解题过程的展示。②培养质疑精神。鼓励学生质疑答案，探究问题的多种解决途径。③巧用错题策略。错题是极为宝贵的学习资源，面对学生解错的题目，教师应该耐心引导学生意识到错误所在，改变题目条件，了解学生对题型知识点的掌握情况。④科学核对答案。在学生自主学习过程中，教师应该注重指导学生科学核对答案，节约学生核对答案的时间。

（五）指导学生自主评价的原则与策略

在自主学习时，为了更好地了解、调控自己的学习情况，学生需要不断对自己的学习活动进行反思和评价。这就需要教师对学生的自我评价给予指导。

1. 指导学生自主评价的原则

（1）转变评价目的。教师需要将自我评价的目的告诉学生。让学生进行自我评价是为了帮助学生加深对自己的了解，通过学习补齐短板，提升自己，发展自己。传统的教学评价更倾向于给学生划分等级，而学生自我评价应该是以促进自我完善为目的的。所以，教师一方面要提醒学生采用纵向视角进行自我评价，认可自己的进步，增强自信心；另一方面要提醒发展情况相对较好的学生不要骄傲，针对自己的不足进行进一步完善。

（2）评价主体的原则。在自主学习型课堂上，学生不是自己学习情况的唯一评价主体，教师和其他同学可以对学生的学习情况进行评价。为了获得更加公正客观的评价结果，学生除了进行自我评价外，也要了解教师和其他同学对自己学习情况的看法。

（3）评价内容的原则。学生进行自主评价时，不能只聚焦于自己的学习结果，也要考量学习过程。此外，不能只看重对知识技能的掌握，也要注意自己的学习态度、情感以及价值观是否正确。换言之，在自主学习方面，学生的自我评价内容除了知识和技能外，还应包括学习方法和学习过程，以及学习态度、情感和价值观等方面。

（4）评价方法的原则。以往的教学评价使用的主要方式是考试和测验，在自主学习情况下，为了让学生客观认识自己的真实情况，教师要提醒学生使用多种方法对自己进行多角度评价。

2. 指导学生自主评价的策略

关于对学生自主评价的引导，教师应该注意：第一，将自主评价的作用和目标告诉给学生，自主评价并非只是对学习进行总结，还包括对学习过程进行反思。学生要时常注意评价自己的学习情况，才能对自己的学习情况及时进行调整。即便评价是以总结为目的的，最终也是为了让自己获得更好的发展。第二，教师应提醒学生注意其他同学和教师是如何评价自己。第三，教师应提醒学生正确评价其他同学，在看待和评价其他同学时，应采用发展的眼光。第四，教师要提醒学生全面评价自己和其他同学，不能只聚焦于知识的学习。

教师对学生的评价进行指导，可以采用以下五个策略。

（1）问题训练单。问题训练仅对于训练元认知有效。在帮助学生反思自己的学习过程、调整以后的学习时，教师可以参考具体的教学和学生需要，制定问题训练单，合理选择问题。各学科和学习活动的特点不同，即使是相同学科和学习活动，也存在着不同的学习类型。在问题训练单设计方面，教师需要注意具体需要，选择合适的问题，为学生自主学习方面的评价提供参考。通过以问题训练单为基础来进行自我提问和回答，对学生的学习过程进行反思和调整。

（2）对学生提问。对于学生自主学习的评价，教师可以通过提问来帮助学生进行反思和调控，这种方法比较简单。学生在遇到问题时，往往会急于寻找答案，注意力只是放在最后结果上，比如，学生可能因为想尽快解出题目而忘记检查过程，不想这样的情况是不是能够得到有意义、符合逻辑的答案。所以，为了帮助学生在解决问题时获得有意义的结果，教师可以通过提问提醒学生检查解题过程和结果，让学生明白要按照逻辑解决问题，以此为前提求取结果。

（3）多元评价方法。学生的自主评价要将定量评价和定性评价结合起来。在学生自主学习评价方面，教师可以通过以下几个方法对学生进行指导。

①个性分析法。个性分析法是指教师在学生学习活动开始前，让其先做自我介绍，对学生进行综合考量，对其学习起点进行确定。描述性报告是个性分析法中最常采用的方式，也是进行个性化的教学设计基础，学生目前的发展情况被通过文字进行描述，让教师得以很好地了解不同学生的个性。通过个性分析法，教师能够综合考查学生在技能、潜能、学习动机和态度、情感等方面的发展情况，对学生之后的发展方向进行确定。这种方法有利于学生自己更好地把握自己，评价自己在学习中取得的进步。

②自我评价法。自我评价法是指教师帮助学生反思自己的学习，通过思考了解自身优势和劣势。在人本主义教育方面，自我评价法非常重要。作为富有创造性的活动，自我评价法要求学生自己提出问题，对考试试题进行编订，并参与评价过程，实现学生对自主学习的反思，帮助学生更好地认识自己。

③契约评价法。契约评价法指教师在学生学习活动开始前，把学习内容或任务简明介绍给学生，并引导和鼓励学生接受，也就是教师和学生进行关于学习任务的约定。教师可以同时将几种学习任务提供给学生进行选择，学生选中任务后和教师签订学习约定，在学习一定时间后，教师按照约定内容对学生的学习情况进行评定。

契约评价法能够有效地减轻学生对分数的焦虑，避免学生之间的激烈竞争带来的负面影响，学生可以从自己的进步中获得成就感，成绩相对薄弱的学生不再感觉自己不如他人，也能拥有自信。而且，学生是在自愿情况下订立约定，学习任务也是学生自主选择，学生要对自己的学习负责。契约的订立要有一定的前提，即学生事先的自我认知和评价，在这个基础上订立符合个人情况的契约，包括制定什么样的目标以及怎样实现。

④档案袋评价法。档案袋评价法是指教师对学生的性格、兴趣、优点缺点、进步情况等进行追踪和记录，并给出评价，然后将资料放入档案袋。由此，教师能够从整体对学生发展情况进行把握，制订有针对性的教学计划，调整教学速度。

⑤同伴互评法。同伴互评法是指教师让学生评价同伴的学习情况、学习态度和行为，帮助学生树立起批评和自我批评意识。

⑥家校互评法。家校互评法是指教师就学生情况定期和家长进行沟通，交流意见，达成一致，以便更好地帮助学生解决学习中遇到的问题，获得更好的发展。家校互评实现的渠道包括家访和家长会等。

⑦成果展览法。成果展览法是指让学生每过一段时间会对自己的学习成果进行一次展示，展示方法包括演讲、朗诵、制图和表演等。在展览成果的过程中，学生会收获到成就感。

⑧考试法。考试作为传统的评价方法，只要运用得当，同样可以达到使学生正确评价自己学习的目的。此种方法常被用于学科教学，考查学生对知识掌握的情况。

（4）多维评价内容。教师要注意让学生从多个维度对自己进行自主评价，包括认知发展情况、学习态度、情感和价值观等。在这个过程中，教师要注意到学生微小的进步，及时对学生进行表扬和鼓励，激发学生的学习动力。在具体方法上，教师可以借助问题训练单或者设置评价表。评价表及问题训练单的设计可简可详，但都要能够提示学生从多个维度来进行自我评价。

（5）多元评价主体。自主学习中，一方面，学生应该对自己的学习情况进行自主评价；另一方面，教师需要提醒学生注意教师和其他同学的评价。将指导者和学习伙伴纳入评价主体，让学生获得更加客观公平的评价。在这里需要注意：第一，评价应采用一致的标准，并且将标准告知学生；第二，为了保证评价的客观性和公平性，不但要重视评价结果，也要重视评价依据。

（六）指导学生自我拓展的原则与策略

自我拓展是指学生在自主学习后对学习内容的延伸学习及对学习技能、情感等的迁移学习。

1. 指导学生自我拓展的原则

（1）相关性原则。自主学习方面的自我拓展要秉持相关性原则，以此为基础。学生的自我拓展应该是以自主学习内容为前提，不能天马行空，随意进行。秉持相关性原则进行自我拓展，学生才能学以致用，课堂学习才能得到巩固，而且有利于学生在该领域内的进一步发展。

（2）多维性原则。新课程秉持全人理念。学生不能只在知识和技能方面进行自我拓展，而是应该进行多维度拓展。新课程提倡进行多元化评价，自主评价不只限于知识和技能，还包括学习过程和方法、学习态度和情感以及价值观。因此，教师应该让学生开阔眼界，在自我拓展时改变只注重知识的做法，并进行多维度拓展。

（3）自愿性原则。学生是自我拓展的实施者，学生的自我拓展应该是出于自愿，自觉进行。因此，教师应该关注学生的个性特点和兴趣所在，让学生找到进行自我拓展的目的，让学生在自愿的前提下选择拓展内容。

（4）主体性原则。在自主学习中，学生是自我拓展的主体，而教师应该对学生的自我拓展进行指导，而不能替学生做决定，要始终让学生在自我拓展上保有主动权。

2. 指导学生自我拓展的策略

在自主学习中，自我拓展是最后环节，作用也是十分关键的。作为对课堂学习的延展，帮助学生深化课堂学习。教师帮助学生进行自我拓展时应注意：第一，让学生的自我拓展有方向性，让学生明白自我拓展的中心，要在课程内容基础上进行量拓展；第二，自我拓展的内容不只是知识方面，教师要帮助学生实现多维发展；第三，教师要注意帮助学生在自我拓展时，解决课堂学习遗留问题或难点。教师可以采用以下四个策略指导学生进行自我拓展。

（1）学习发展方向拓展的策略。新课程标准认为教材是范例，是师生交流对话的平台。在当今的知识经济时代，一方面，学生在课堂上所学的知识有限，知识的无限性必然会要求学生在课外拓展自己的知识面；另一方面，知识的无限性又使学生置身于知识的海洋中，可能会产生迷失的感觉。教师应引导学生以课堂所学内容为核心，依据学生个体的兴趣选择更广阔的知识。

（2）学习方法拓展的策略。学生不应只针对知识进行自我拓展，更重要的是提升学习的方法和技能。自我学习是一个发展过程，学生应该把在课上学到的方法和技能运用到以后的生活中，而不能学而不用。所以，教师应提醒学生通过继续学习巩固自我学习的方法。

（3）情感体验拓展策略。教师可以让学生根据个人感受，对学习内容传达的情感进行体验，通过移情实现对学习内容中情感体验。进行情感体验拓展时，教师可以让学生对自己的经历和情感体验进行表达，以提升学生说的能力和读的能力，有利于学生正确的价值观、人生观和世界观的树立。

（4）课堂疑难问题拓展策略。新课程突出学生自主探究能力的培养，提倡教师鼓励学生参与课程开发过程。相比刻板地执行课程标准，使用一成不变的教材，教师和学校应该也参与到课程开发和设计中。特别是设计综合实践类课程时，教师应该充分参考学生兴趣，让学生对课程进行设计。在综合实践类活动中，对课堂教学问题进行解决和拓展，对于学生自我拓展能力的培养也是十分有效的。

三、英语自主学习的管理问题与提升策略

（一）英语自主学习的管理问题

1. 管理策略问题

处于高中阶段的学生，应当根据计划加强自身学习，同时在学习中实时监控自己的学习情况，从中找到问题并加以调节，这是高中生需要解决的关键问题。

高中生的成绩好坏并非取决于学习策略，而是管理策略，但是仍存在着一些高中生在自主学习中没有更好掌握管理策略。①高中阶段的学生首要任务是制订计划，这是完成学习任务的关键。如果没有通过合理科学的方式制订计划，仍然阻碍后期的监控及调节；②在规定的时间内完成学习任务，需要从制订学习计划和自我监控两个方面入手，目前存在大量学生没有较好的自我控制能力，急需一些监控策略规范他们的学习行为，同时培养学习的自我监控意识，增强他们的学习耐力，从而出色地完成既定任务；③学习过程中，养成学生逻辑思辨能力，充分调节自己的学习习惯，加强自主学习，发现并解决问题，有效促进学习效率。

因此，学习者在学习过程中，自我调节能力欠佳，尤其是在英语阅读学习过程中，一旦有读不通或难理解的地方，索性跳跃过去继续阅读；有的是发现有难度，便全身性地投入其中，原地踏步。这些现象都是由学生自我调节能力不强所造成的，从而学习者不能很好地掌握学习方法，学习效果也无法达到满意的。

2. 学习结果的自我评价问题

进入高中的学生在个性发展上有着很大的变化，特别是自我同一性的形成在这个阶段

特别明显。

学生的自我评价在高中阶段，受到学习环境、升学压力及该阶段兼具的现实自我和理想自我特性等因素的影响而出现了下降趋势，此外，对其影响较大的当属家庭环境。根据相关研究可知，一个民主型的家庭能够持民主平等的态度给予子女良好的教育，激发孩子的学习主动性，而孩子受到该环境的影响，学会自主自立，遇到学习问题也会能够积极主动地承担责任，即使遇到困难，也会求助他人，从而提升自我评价能力。

3. 学习动机与学习态度问题

学生的学习成绩直接受到学习动机的影响。其中，学习动机可以充分激发学生的学习动力，著名教育家加涅将学习动机一分为二，学生在学习过程中受到最大影响的是工具型动机，在这种动机的驱使下，他们一味地追求考试、就业等，抱有各具差异的学习兴趣及目标，甚至对他人的学习效果产生严重影响。除此之外，学生的自主学习因为缺乏学习动机，很难产生较好的学习结果。

态度和动机在研究外语学习过程中发挥着重要作用。有一个好的学习态度，便能全身心地投入学习。自愿的学习态度将出现良好的学习效果。但是，多数学生在学习过程中并没有从自身出发查找问题，一旦遇到学习困难或成绩不理想时，便发难于教师和学校，很少从自身查找问题并加以解决。所以，转变学生的学习态度，将会有效地提高高中生的学习管理策略。

学生只注重课堂学习，忽略课外英语阅读，在一定程度上缺乏良好的学习态度和动机，这种工具型动机的学生，大都会轻视英语学科的学习。

4. 学习资源的整合问题

资源管理是学习者应具有的一种重要能力，是对学习资源的合理利用和整合。对高中生而言，能够合理地使用资源，对他们的学习有着很大帮助。资源管理策略的具体类型见表6-8。

表6-8 资源管理策略类型

资源管理策略类型	定义	举例
时间管理	合理安排时间、在规定时间内完成任务	统筹安排、高效利用时间
学业求助	寻找同伴、师长的帮助，查找资料	通过教师、同学帮助提升学习
努力策略	对学习者的努力，不断进行自我激励	激发内在动机、自我奖励
学习环境和空间设置	调节自然环境和学习空间，以利于学习	选择温度、光线适应地方学习
学习工具的利用	利用一些外界辅助工具促进学习	利用网络、图书馆等资源学习

对高中阶段的学生而言，上表中提到的各种策略的使用都会影响到学习的效果。这也说明进入高中阶段后，面对自己的有效学习计划，灵活调整，并且积极寻求他人的帮助是非常关键的。

（二）英语自主学习管理的提升策略

学生在高中阶段，有了自主学习意识，学习行为也具有一定的个性化，在这种个性自主的学习时期，学生掌握自主管理方法，将有助于学生的学习和发展。

高中生在英语自主学习中，需要掌握两种学习策略，即管理策略和方法策略，其中管理策略是重中之重，同时找准适合自己的学习策略，学生的英语自主学习能力将会得到极大的提升。此外，学生的学习成绩直接受到学生智力水平、学习方法及管理等方面的影响。

1. 学习目标的制定

高中生应当具备制订学习计划、实现自我监控、调整学习计划以及及时发现问题等能力，通过这些能力有效地促进学生自身自主学习。并且需要加强自主学习，不仅在课堂内，还要时刻针对自己的学习现状，积极主动制订学习计划。在计划的执行过程中，一旦遇到无法执行的情况，要针对这项计划做出调整，避免影响整个学习成效。

影响高中生成绩的因素主要是元认知及管理两种策略，而非复述、背诵等单一的学习策略。为了明确学习目标，可以制订有关具体实施方法、时间计划、学习内容等详尽的学习计划，其中安排时间、学习内容及学习目标的制定，需要特别注意三点。

（1）学会安排时间。切忌将时间排满，而是应留出休闲时间，同时预防临时性事件的发生。

（2）选择学习内容。跟上教师的教学节奏，根据教师教案选择所学内容，切忌任意制订目标计划，否则会达不到理想效果。

（3）制定学习目标。计划可分为长期和短期两种，其中长期计划目标要适当，适应学生的最近发展区，避免过高或过低的目标打乱学习计划；另外，长期计划粗略制订即可，这样便于学生在实际学习的过程中，随时调整以适应不同阶段的学习情况。短期计划则要考虑到两个方面：首先，不可同时学习相似知识的内容，保持大脑在间隔学习时间中得到更好的休息；其次，当注意力集中，时间充盈的情况下，避免学习效率过低，基于学习状态增加与学习不相关的内容，并留出零散时间，学习轻松的学科或知识。

2. 学习方法的选择

学习方法的选择是很重要的。关于学习方法的选择需注意以下四个方面的内容：

（1）英语语法是多数学习者遇到的共同难题，但是可以采用图表的形式对语法进行整理并归纳，从而加深记忆。

（2）借助无意识记忆法提高语法记忆效率。例如，在生活中看到或听到的信息，大脑会对它们产生一定记忆，并在睡梦中重现，无形中起到巩固记忆的效果。因此，将较难记忆的知识放在睡前进行传输，这样人一旦入眠便会将知识存留在记忆系统中。

（3）为提高记忆效果，英语学习者应该摒弃机械且枯燥的记忆方法，通过多种感官记忆方法加强对知识的记忆，这样在大脑中增加了更多的线索，不仅激发了学习动机，还提升了学习效果。

（4）遵循英语单词记忆规律，充分发挥联想记忆能力，可以借助词根、词缀法对一类单词展开记忆，也可以采用谐音法对一些单词进行记忆，从而使记忆过程充满乐趣。

3. 自我评价的管理

自我评价是所有管理策略中的核心要素，在学习过程中对每一步调整都要参考评价情况。例如，制订计划时需要确定目标，选择方法。可是目标的确定首先需要学习者对自己的学习进行准确的评价，如果没有自我评价，就根本谈不上对学习活动的管理。对高中生而言，自我评价是否稳定对个人成长发展有着重要的影响。

如果自我评价发展不稳定，容易造成过度自卑或盲目自信。自我评价包括以下四个方面。

（1）对学习进步的测评。无论学生的成绩坏与好，都应当及时评估自己的学习状况，从中知其不足，便于改进提升。通常，学生可以在学习日常及期末考试中，展开自身学习情况的评测，尤其一些学生从期末考试中评估成绩，也会遇到一些问题，例如，有的学生只关注成绩，看完试卷成绩，便将试卷束之高阁；有的则会重新审视，对错题进行逐个分析，对拿不准或不能理解的问题，会主动求助同学及教师，详细做好分析总结工作；有时也自问：为什么会出现失分问题、今后如何避免类似问题。由此可知，这部分同学的学习动机源于有意识地评价自己，对问题进行分析总结，从而激发学习动力。

除了以上测评方式，学生还应当注重日常学习中的测评。当遇到阅读训练效果不好时，自我意识高的学生会展开对自我学习情况的分析，而且学习较好的同学既能准确评价其进步情况，又可以拿出解决方案，消除问题，但是，对学习成绩不佳的学生在遇到问题时，只能指出问题所在，不能解决问题。

（2）检验方法成效。所谓检验方法成效主要是表现在学习过程中，学习者有没有选用合适的检验方法。这种方法的有效性取决于学习者在检验方法成效之前，对所选择的方法有一定了解，否则无法完成方法成效评价。所以，可从四个方面展开方法成效评价：比较方法使用前后的情况；对某种方法使用后的情况进行描述；对执行这种方法前的情况进行回顾；明确所评价的方法。

（3）自我监控学习行为。处于高中阶段的学生，较为缺乏自控能力，这需要通过监控策略对其行为进行培养，并将其贯穿于整个学习过程中，并在开始、进行及结束三个阶段中，结合家长、教师的力量，加强学习者的自我监控意识。

首先，对任务进度进行观察，找出执行构成中出现的问题，从而持续审视及调整自己的意识，这是制订计划过程需要做的事情；其次，在实施计划过程中，一旦学习者自控能力较弱，便需要发挥家长或教师的他控作用，监督学习者按时执行计划，并在一定时间内检查学习者的完成情况，从而引导学习者培养自我监控能力，一旦出现问题，便要做好调整工作，考量学生的自身情况能否适应计划的实施；最后，完成学习任务后，对其任务完成的情况进行检查，并从任务完成时间、过程存在问题及效果等方面进行分析总结，从而让学习者按照这种模式养成自我监控、自我总结的习惯。

（4）激发学习动机。

①调动积极的情感因素。学生的学习动机是由各种需要构成的，是最为重要的积极情感因素。学生通过学习动机，保持高度注意力，促进学习。尤其对于高中生，关键所需是马斯洛心理理论中的"自我实现和获得尊重"，可从三个方面来提升其学习动机：一是学生学习过程中伴随着自我实现、求知欲及兴致等各种心理内因，从这些方面重点培养学生的学习动机；二是给予缺乏学习动机的学生精神及物质奖励，变自我实现及尊重需求为学习动机，经过强化激励，培养学习者的学习兴趣，从而激发学生的内心动机；三是学习者的学习动机易受到周围同伴的影响，如果同伴都是爱学习的类型，那么将受到正向激励，反之则会受到负向影响。

②克服消极的情感因素。学习焦虑是学习英语的人经常会遇到的现象，比如，反感交流与英语相关的话题、英语交流不通畅、考试突发性失忆等，一旦出现这些焦虑现象，需要通过措施进行缓解：一是通过与他人交流、出行、运动等方式缓解消极情绪；二是用"我一定行、我肯定行"等心理暗示，给自己心理鼓励；三是保持深呼吸，放松身心，有效缓解紧张感。

第四节 高中英语教学生活化的创新策略

一、英语教学生活化创新的重要性

学习外语有利于促进个人的发展，语言既是人们在学习、生活、工作中的重要交流工具，也是重要的思维工具。学习母语以外的语言，不仅能够拓宽交流渠道，而且有利于心智的发展，特别是思维能力和认知能力的发展。在经济日益全球化、生活信息化的当今社会，国与国之间的交往越发频繁，能用外语进行交流是公民必备的技能之一。说英语的人数已经超过了说其他任何语言的人数，10 多个国家以英语为母语，45 个国家的官方语言是英语，世界 1/3 的人口讲英语。英语作为最重要的信息载体之一，已成为人类生活各个领域中使用最为广泛的语言。目前世界上除了以英语为官方语言的国家以外，还有很多非英语国家把英语列为主要外语语种。

积极推进外语教育将有利于促进本国公民参与国际经济贸易活动和文化交流活动。许多国家在基础教育发展战略中，都把英语教育作为公民素质教育的重要组成部分，并将其摆在突出的地位。社会发展对高中毕业生的英语素养（特别是语言运用能力）提出了更高和更多样化的要求，其中包括升学要求、就业要求和适应多元文化的要求。因此教会学生正确理解和运用英语就显得尤为重要。

众所周知，英语是一门需要学生大量实践、运用、练习的课程，学生只有在真实生活语境及交际活动中，才有可能形成运用英语的能力，达到教学的目的。原有高中英语课程的课程目标单一，忽视了外语课程在发展学生思维能力、培养情感态度价值观等方面所起的作用。因此，原有课程既不能满足社会的需求，也不能满足学生自身发展的需求。而此次英语课程改革的重点就是要改变英语课程内容繁、难、偏、旧和过于注重书本知识的现状，加强课程内容与学生生活以及现代社会、科技发展的联系，精选终身学习必备的基础知识和技能；改变英语课程过分重视语法和词汇知识的讲解与传授、忽视对学生实际语言运用能力的培养倾向，强调课程从学生的学习兴趣、生活经验和认知水平出发，倡导体验、实践、参与、合作与交流的学习方式和任务型的教学途径，发展学生的综合语言运用能力，使语言学习的过程成为学生形成积极的情感态度、主动思维、大胆实践、提高跨文化意识和形成自主学习能力的过程。

二、英语教学生活化创新的特征

走向生活化的高中英语教学，即在高中英语课堂教学中，教师应贯彻以人为本的教学思想，把学生看作一个完整的人，一切教学设计和教学活动都要有利于学生的自我发展。灵活处理教学材料，把教材内容活化为实际生活，将教学活动置于现实的生活背景之中，努力营造生活化的教学环境，让学生在生活中学英语，在英语中学生活，激发起学生作为生活主体参与活动的强烈愿望，同时将教学的目的、要求转化为学生作为生活主体的内在需要，使课堂充满生命活力，呈现出生气勃勃的精神状态，从而使学生获取有活力的知识，并使其情操得到真正的陶冶。

生活化课堂教学关注学生的整个生活世界，赋予教育的生活意义和生命价值，是当前教育改革的必然要求和迫切要求。

通过生活化课堂教学实践，人们认识到教育的真正目的，不是达到对知识的理解，而是能将所学的知识运用于生活，尤其是创造性地运用，才是人们追求的目标。因为一个热爱生活、热爱人类、热爱真理、诚实正直的学生同一个仅仅学业突出的高分学生相比，前者更有利于社会。对于如何建立生活化课堂要注意以下内容。

（1）教学设计要关注学生的未来生活。学生是未来社会的主人，现在的教育在一定程度上奠定了未来的基础，因此教师必须将眼光放远到学生的未来生活，在教学设计中体现出学生这种发展特性。

（2）教学内容要联系学生的生活。教材是教学的剧本，教师要对教材进行生活化的处理。要将知识学习与学生的生活相联系，赋予课程内容生活意义和生命价值。

（3）生活化教学强调体验和探究。只有体验才能真正走进生活，才能对知识学习有真切的感受。而探究学习也是未来社会必备的学习能力。

生活化课堂教学有着非凡的魅力，将是联系学生学习和生活的桥梁，生活化教学中丰富的学科教学内涵有待于人们进一步深入地研究。

三、英语教学生活化创新的内容

（一）英语学科教学

1. 新课标理论

在新一轮基础教育改革中，中华人民共和国教育部颁布了新的《普通高中英语课程标准（实验）》（以下简称《英语课程标准》）。《英语课程标准》以学生"能做某事"的描述方式设定各级教学目标和要求。本着英语教学应紧跟时代的步伐，与时俱进的理念，教会学生在生活中正确地运用英语是时代发展的产物，与《英语课程标准》是一致的，具有强大的生命力。《英语课程标准》字里行间洋溢着生活的气息，从课程目标、内容标准、实施建议，都提到材料选择要贴近学生生活和语言水平。

2. 教学法理论

走向生活化的高中英语教学与当今流行的任务型教学、语境教学法、合作学习教学法、过程教学法等新的教学法理论是相吻合的，例如，任务型教学，旨在把语言教学真实化，使课堂社会化，其会话任务与真实生活相关。例如，在特定的会话情景中，听话人面对面地参与交谈，在听的过程中随时做出反应，发表自己的意见和看法。应用型任务是指在学生充分理解对话或者课文后，为使学生有更多实践语言的机会，教师所设计的与语篇内容相关联的，具有浓厚生活气息、开放性的答案，符合学生心理特点的创造性语言活动。而情景教学法之所以受到教师和学生的欢迎，是因为它能创造出接近生活现实的语言情景。

3. 考试大纲要求

考试大纲要求考试内容贴近学生生活，与生活息息相关。高考英语命题近些年基本上保持了稳定的命题思路和风格，内容丰富多彩，更贴近生活、贴近时代，知识覆盖面更广，更加注重对考生实际运用能力的考查。从听力、语法、词汇、完形填空、阅读理解、任务型阅读到书面表达，无论是哪一部分的试题内容都与学生的日常生活息息相关，有着很强的时代感。

（二）人文主义教育

1. 人本化教学思想

人文主义教学思想重视教育的世俗性和贴近现实生活，强调教育应培养新人。生活化英语教学体现以人为本的精神，是贴近人性的教学。其高中教学思想的核心是以学生为本。教师在课堂教学中应确立以学生为中心，把学生看作一个完整的人，一切教学设计和教学活动都要有利于学生的自我发展。教师要充分了解社会的发展、时代的需要和学生的责任，充分了解学生的性格、习惯、情感态度和知识能力，在课堂教学和教学设计中，灵活处理教学材料，努力营造生活化的教学环境，积极组织互动式的教学活动，宽容和平等地对待每一个学生。

2. 主体性教学思想

在英语运用的活动过程中，教师要有目的，有计划，有组织地安排指导学生开展多种形式、多种内容的活动项目。开展以实践性、自主性、趣味性和创造性为主的运用英语的活动，以学生为活动主体，以学习语言，形成语言能力为主要内容，以培养学生语言素养，促进学生全面发展为主要目标，从而使学生不仅认识了客观环境，也在交际运用中改造了自身，促进了自身的发展。

3. 素质教育思想

素质教育是以人为本的主体性教育，它的价值和目的在于保证学生终身的可持续发展，即具有适应未来社会变化而创造社会、创造自己的基本素质。英语教学首要定位就是人的教育。

以人为本，就是以学生的综合素质为本，以学生的可持续发展为本，注重学生的全面发展，"实施素质教育"，"全面贯彻党的教育方针，……端正教育思想，转变教育观念，面向全体学生，加强学生思想品德教育，重视培养学生创新的精神和实践能力，为学生全面发展和终身发展奠定基础。"遵循"先成人、后成才"的理念，把学生培养成具有优良的思想品德、良好的心理素质、积极的情感态度、正确的学习策略、一定的文化意识、扎实的语言知识、基本的语言技能、初步的创新精神及实践能力和健壮的体魄，有理想、有道德、有文化、有纪律的一代新人。让学生在生活中学会运用英语符合主体教育的要求，它是在素质教育思想的指导下，通过教师有目的、有计划、有组织地引导，使学生张扬个性，积极主动地投入英语的运用中去，掌握中学阶段的英语基础知识和基本技能，发展智力，养成良好的学习习惯，使其意志、品质、情感和行为得到发展。

四、英语教学生活化创新实践途径

（一）英语生活化教学的重要意义

对于高中英语教学而言，需要将学生的生活与英语的教学内容、教学形式结合起来，以起到激发学生学习兴趣，提高学生学习热情的效果。学生的生活是学生经验的唯一来源，在英语教学中必须抓住这一源泉，在其中找到与教材内容紧密结合的部分，让学生在一个相对真实的语言环境中进行英语的实际演练，提高英语的运用能力。

通过英语的生活化教学发现，生活化教学所具备的一些积极意义对教学而言十分重要。

（1）生活化教学让课堂变得更为活跃。在实际教学中发现，结合学生的生活实际，创设生活化的教学情境，让师生双方都能够进行积极有效的沟通和交流。在课堂之中，学生的思维和情绪变得更为活跃，而教师也被学生的情绪所感染，这样的教学模式会让整个课堂变得更为活跃。

（2）生活化教学让学生拥有了自由表达、交流的环境。教师在教学中利用相关材料创设生活化的情境，让学生在情境中进行会话和交流，学生能够自主地探索和把握知识，课堂从传统的教师单方面授课变成了生生、师生间的互相沟通过程，生活化教学创设的教学情境，让学生拥有了自由表达、交流的环境。

（3）生活化教学有利于激发学生的学习兴趣。在生活化英语教学中，教师会为学生创设自由地表达和发挥的机会，再加上与学生生活紧密相连的内容，更加容易引起学生的情感体验和学习兴趣。

（二）英语生活化教学的具体策略

1. 创设一定的教学情境

在高中英语教学中，要秉承新课程改革所提出的教学理念，以学生为教学的主体，从学生的实际出发。在准备高中英语教学材料的时候，一定要结合学生的具体实际和学生的学习兴趣来设计教学内容，运用教材内容来进行教学，而非生搬硬套教材内容。将学生的生活与课堂教学的内容充分结合起来，将教学过程融入学生生活之中，让学生积极主动地参与到英语课堂的教学活动中来。

2. 利用教材已有的生活化素材进行教学

随着新课程改革不断深入，教材内容越来越贴近学生的生活。在实际教学过程中，可以就近取材，直接利用教材内容，其中所包含的网络、音乐、旅行、阅读、风俗习惯等内容都可以激发学生的学习兴趣，使学生能够自主参与到英语教学活动中来。因此在进行生活化教学的时候，教师可以根据学生的实际，选取那些更为贴近学生生活实际的内容，让高中英语的生活化教学得以顺利进行，从而提高英语教学的质量。

3. 结合教学内容组织生活化的教学活动

教师在进行高中英语生活化教学的时候，还可以通过组织生活化的教学活动，在联系学生实际生活的基础上，让学生积极地参与其中。教师在组织学习实践活动的时候，可以创设机会让学生充分体验生活、感悟生活，例如，创设英语竞赛、演讲比赛、课堂表演等活动，为学生提供表达的机会和平台，提高学生学习的积极性，锻炼口语组织能力和表达能力。

4. 将英语运用于课堂之外，提高学生的英语能力

教师可以把教学延伸到英语课堂之外，通过学生在生活中实际地运用英语进行对话来提高学生的英语组织和表达能力。对学生而言，学习英语最为困难的就是如何运用英语来进行会话和交流，因此，要充分利用英语课堂外的时间，让学生得到充分的锻炼。例如，可以要求学生在和同学交流的时候适当地运用英语进行会话，表达自己的想法。还可以利用网络通信工具，建立一个专门用于英语交流的班级 QQ 群，学生在这个群内都只能用英语进行交流，而教师在其中可以适当地指出学生的问题，提高学生的英语运用水平。将课外与课内结合起来，将教学延伸到学生的生活之中，更好地激发出学生学习英语和运用英语的兴趣，提高学生的英语综合能力。

英语教学在新课程改革以后与实际生活结合得越来越紧密，在生活化的教学中，要运用学生实际生活中的内容创设出一定的生活情境，让学生积极地参与其中，通过激发学生的学习兴趣，调动学生的学习积极性让每一个学生都能参与到教学活动中来，以此促进学生英语水平的不断提高。

（三）走向生活化的英语教学实践模式

在英语教学中，加强学科与生活的联系，使课堂教学和教学内容、语言、氛围、目的、活动方式及评价等贴近学生生活，从而改变学生的学习方式，真正做到让课堂教学成为学生喜爱的一种生活，激发学生的学习兴趣，提高学生的学习质量，促进学生整体素质的发展，让英语走进学生的生活世界，让学生的生活世界充满了英语。

1. 基于生活，开展教学

（1）课堂教学生活化。课堂教学生活化，即把生活中的情景搬进课堂，采取“任务型”教学。新课程标准指出，教师应尽量采用“任务型”的教学途径。任务型教学认为，以功能为基础的教学活动中有许多活动并不是来自真实的生活，最多只能称其为“准交际”，而要培养学生在真实的生活中运用语言的能力，就应该让学生在教学活动中参与和完成真实的生活任务。真实生活任务型教学强调直接通过课堂教学让学生用英语完成各种真实的生活、学习、工作等任务，从而培养学生运用英语的能力。所以，在教学中应增加开放性的任务型活动和探究性的学习内容，使学生有机会表达自己的看法与观点。教师要鼓励学生学会合作，发展与人沟通的能力。教师在设计教学任务时，可以根据不同学生的情况设计不同的任务，从而使所有的学生都能进步。

英语教学的任务是指有利于学生用英语做事情的各种语言实践活动。任务的设计一般应遵循六点原则：①任务应有明确的目的；②任务应具有真实意义，即接近现实生活中的各种活动；③任务应涉及信息的接收、处理和传递等过程；④学生应在完成任务的过程中使用英语；⑤学生通过做事情完成任务；⑥完成任务后一般应有一个具体的成果。

在设计任务时，教师应该以学生的生活经验和兴趣为出发点，要有助于英语知识的学习、语言技能的发展和语言实际运用能力的提高，要积极促进英语学科与其他学科间的相互渗透和联系，使学生的思维能力、想象力、审美情趣、艺术感受、协作和创新精神等综合素质得到发展。

（2）教学内容生活化。教学内容生活化，即把教学内容与生活实际相结合，通过生活化内容来训练学生的听、说、读、写、译技能，使语言技能训练的内容和形式尽可能地贴近生活、贴近真实的语言交际。有目的地组织综合运用英语的活动，提高学生在真实语境中运用语言的能力，从而达到真正地以生活中的英语来激发学生的兴趣是促进学生主动探究知识的重要因素，是学生学习的动力。而生活中的英语能充分引起学生的好奇心，激发学生的兴趣。例如，在给学生上有关饮食的课时，教师就可拿出印有肯德基（KFC）、可口可乐（Coca-Cola）、牛奶（milk）、巧克力（chocolate）的包装出示给学生看，学生对其都表现出了浓厚的兴趣，因为这些都是他们平时经常接触并且喜欢的东西。然后他们试着跟读，当他们发现可口可乐和巧克力的英语发音跟中文发音相似时，都会觉得非常有趣，这样就拉近了他们跟英语学科间的距离。

①英语教材生活化。教材不仅要符合学生的知识水平、认知水平和心理发展水平，还要尽可能通过提供趣味性较强的内容和活动，激发起学生的学习兴趣和学习动机。为此，教材应紧密联系学生的实际生活，提供具有时代气息的语言材料，设置尽量真实的语言运用情景，组织具有交际意义的语言实践活动。教材内容的选择和安排应充分考虑到不同年龄段学生的兴趣、爱好、愿望等学习需求和心理需求。

例如，全日制普通高级中学英语教科书（必修）的教学内容贴近现代生活，富有较强的时代气息，有利于提高学生的人文素养。其中，许多课文渗透着思想情感的教育，对学生的身心发展会产生较强的感染作用，有助于提高学生的素质，拓宽他们的国际视野、增强他们的爱国情怀、提高学生的社会责任感和历史使命感。每个单元以话题为核心，以结构和功能项目为主线，组织和安排了听、说、读、写的活动。在设计不同层次和多种形式的活动时，应特别注意要以学生的生活经验和兴趣为出发点，尽可能提供真实的情景，让学生综合地应用所学的语言完成一些任务，促使他们获取、处理和使用信息，用英语与人交流，解决实际问题，完成某个项目。

教材所涉及的话题覆盖了新课程标准的要求，所选语言素材具有时代性，反映了当代青少年的生活和精神面貌，如信息技术、航天技术、环境保护以及对友谊、科学、文化、法制等方面的看法和态度。选材充分考虑到学生的兴趣与需要，例如，有年轻人喜爱的摇滚乐、美国乡村音乐等；有中外影视名人及作品、体育赛事等的介绍；有激发想象力的科幻作品；有传统旅游与生态旅游的异同；还有吉尼斯纪录、文学艺术、新闻媒体、发明创造、幽默故事和如何交友、保健、文体娱乐等与现代生活相关的内容。语言素材具有着较强的跨学科性质，如有科技成就、现代农业、航空航天事业、生态保护、文化遗产保护、克隆技术、现代音乐与影视、风俗与习惯、道德与法制等，还有历史与地理、考古学、卫生保健、急救和治疗传染病等；古今中外文学名著与作家的介绍等；戏剧不仅有外国经典作品，还有我国名作家的作品；有名诗名画、著名建筑物欣赏；有有关飓风等的气象知识、广告、商务英语等。

广泛的选材旨在扩大学生的知识面，例如，有介绍英语国家的文章，还有非英语国家的文化知识；不仅反映国外高科技的发展，还体现中国在各个领域中取得的成就；既有关于国外文化遗产保护的内容，也有中国美好山河、丰富人文景观的介绍。

教材通过这些话题以及语言素材，将情感态度（如国际视野、民族意识等）、文化意识（如英语国家文化背景知识、文化修养、跨文化交际等）与语言知识的学习和语言技能的运用有机结合起来，使学生得到全面的发展。

②辅助材料生活化。任何一套教材都有一定的局限性：其一，它是根据教学大纲统一编写的，无法完全满足不同地区、不同学校的具体需要；其二，科技的飞速发展也给课堂带来了一系列的变化，新的教学环境和条件对教材提出了更高的要求；其三，一套教材从编写到实验再到推广至少要经过 3~5 年的时间，从某种程度来看，教材总有滞后性。因此，为学生确定好教材，对教学内容进行合理的整合和补充，以使教材的内容更加符合学生的需要和贴近学生的实际生活，是提高教学质量的有力保证。积极开发和合理利用课程资源是英语课程实施的重要组成部分。英语课程资源包括英语教材以及有利于发展学生综合语言运用能力的其他所有学习材料和辅助设施。确立英语课程的开放性体系是英语课程标准的基本理念所体现的特点之一。课程资源的开放性是指教材资料的来源渠道广，资料的选择贴近实际、贴近生活、贴近时代。地方课程和校本课程的一个重要趋向，就是试图消除教育与生活、学校与社会、学生与家长、知识与实践之间的隔阂或对立，打通它们之间的联系，帮助学生理解知识的丰富多样性，提高实际生活的能力。就课程类型而言，这

些课程主要是以活动形态为主，围绕一些实际的社会和生产而展开，在活动中学，在活动中教，在活动中体验和感悟，重建学生的精神生活。英语教学的特点之一是要使学生尽可能多地从不同渠道、以不同形式接触和学习英语，亲身感受和直接体验语言及语言运用。

因此，在英语教学中，除了合理有效地使用教科书以外，还应该积极地利用其他课程资源，特别是广播影视节目、录音、录像资料、直观教具和实物、多媒体光盘资料、各种形式的网络资源、报纸杂志等辅助材料。拥有完善、广博的语言教学资料和文化素材对于英语教学的成功实施是至关重要的。

（3）教学语言生活化。教学语言生活化，即用学生喜闻乐见的通俗易懂且富有哲理的生活化言语和例子来进行教学，化解难点。语言教学的独特之处在于，语言既是教学手段，又是教学内容。教学语言贴近学生，贴近生活，易于理解、吸收。语言作为情感表达的手段，主要功能是展示人对于世界的认识和思考，如果脱离了生活实际、脱离了环境，它就不会有生命力。语言课堂教学的价值远远超越于语言之上（beyond language），它是语言感受、文化感受、生活体验和情感体验的过程。在课堂里，英语只是一种媒介，只是思维外显的一种方式。利用英语来酣畅地表达自己的思考，进行情感的交流，这样去想和做的时候，学科的意义就已经远远不是单纯形式的东西了。

①言语生活化。如英语语法中的情态动词是学生学习中的难点。情态动词，"情"即察情况（依据情景、语境），"态"即观态度（依据说话人的语气态度）来选用，故提出"察情观态"用情态的解题技巧来分析、对比、归纳情态各动词的用法。

②例子生活化。例如，在解释 be afraid to do 和 be afraid of doing 的用法时，Xiao Ming's mother is afraid of waking him up. 句意为"小明的妈妈担心吵醒他"，可能是因为小明这个独生子生病，妈妈想让他多睡一会儿，体现母子"融洽"的关系。又如，学习 where 引导的状语从句时，Where there is a will, there is a way. （有志者事竟成。）Make a mark where you have any questions. （在有问题的地方做个记号。）Put back the newspaper where it was. （报纸放回原处。）Leave the newspaper where it is. （别拿走报纸。）等发生在学生身边、与学生生活息息相关的例子来化解难点、激发学习英语的兴趣。

总而言之，在教学中，充分利用学生已有的知识经验，从学生的生活实际出发，使自己的教学语言与学生的生活实际紧密结合，让学生学会生活中的英语；在教学中要创造性地使用教材，即"用教材教，而非教教材"。的确，只有教师敢于超越教材，才会有鲜活的教学语言，学生才能爱学、乐学，英语才能以特有的魅力将学生紧紧地吸引，才能培养学生用自己的语言来表达生活中、发生在身边的一切事情。

2．通过生活，巩固教学

（1）将英语用于生活。英语，作为一门语言，是一种交流工具。环境对语言的获得具有着非常重要的影响，语言是在个体与环境相互作用，尤其在与他人语言交流中的基础上发展起来的。那么，为学生创造一个良好的听说氛围和语言环境，对于英语学习就至关重要了。因此，经常鼓励学生将所学的英语在生活中运用起来，营造出一个"开口学英语"的良好氛围。从最简单的问候语开始，让学生循序渐进地把所学的英语在生活中真正运用起来，使知识、技能真正地转化成能力，让他们获得成功的喜悦，让他们乐意"开口"学英语。

（2）把课堂搬进生活。在英语学习的过程中，学生必须通过积极体验、参与实践以及主动的尝试和创造，才能获得语言能力的发展，因此应尝试和学生开展一系列活动，把课堂搬进生活，即把学生带入社会，带入大自然，从生活中选取某一典型场景，作为学生观察的客体，并以教师语言的描绘，鲜明地展现在学生的面前。例如，带领学生登山，山路很滑时，提醒他们要小心，问他们英语应该怎么说，很多学生脱口而出："Take care!""Be careful!""Look out!"没有一个学生使用"Mind your steps!"这个正确的表达。"Mind your steps!"虽然这个词组中的每一个单词对学生而言都较为简单，但是"mind"在他们的心理意义中就是"介意"，他们不了解"mind"在英美人士交际中更多的是被用来表达一种关心式的提醒。类似的表达还有从轿车出来时提醒："Mind your head!"在学习 Table Manners（餐桌礼仪）时，可以带着学生走进西餐厅，学习、体会餐桌礼仪。

在品尝美味的同时学习各种食物的单词，以及如何恰当地运用英语买到自己想要的食品，并让学生了解中外饮食文化的不同，拓宽学生的文化视野。倘若教一篇描述果园的课文时，就不妨带学生去参观一下果园，既能增强学生对果园的感性认识，又能激发学生的情感，使他们在活生生的情景中学习语言。在开展这些活动前，要先发动学生做好积极的准备工作，鼓励他们利用书籍、网络等资源收集资料，获取新知，互相交流。活动后要及时地做好总结，让学生分享活动所得，交流活动感受。

（3）开设英语活动课。

①中学英语活动课的目的、特点和作用。

第一，中学英语活动课的目的：中学英语活动课是根据我国的教育现状、教育方针和目的而开设的。克服中学英语课程结构的单一性；适应中学英语新教材；适应中学生身心特点，能给学生提供一个较好的英语学习环境，教师能给主体学生创造讲英语而暂时忘却母语的空间。在形式多样的英语活动中，每一位学生都是活动的参与者。周边的气氛感染着每个学生，强烈的学习动力驱使每个学生开口讲英语。在愉快、轻松的氛围中部分学生必然由消极学习英语转变为积极学习英语。

第二，中学英语活动课的特点：活动课是由学校有目的、有计划、有组织地进行的课程，是通过实践性、自主性、创造性、趣味性以及非学科性为主要特征的多种活动项目和活动方式，综合学习知识，提高能力的一种课程。由此看来，"动"是中学英语活动课的基本特点。学生始终要处于动态之中，所有学生都要动，而目的是自主地动，创造性地动，饶有兴趣地动，在动中学会做人，学会生活，学会做事，学会英语。

第三，中学英语活动课的作用。激发中学生学习英语的兴趣和积极性；培养学生用英语表达思想和交际的能力；加强学生的参与意识，启发学生的发散性思维；培养学生的竞争意识、创新精神和组织能力。

②中学英语活动课的教学原则与内容。根据对中学英语活动课本质的深刻认识，总结我国开展中学英语活动课教学实验的经验与教训。在中学英语活动课教学中具有比较广泛指导意义的教学原则主要有三条：学生自主性为主，教师指导性为辅的原则；规定性与灵活性、开放性相结合的原则；因材施教与因地制宜相兼顾的原则。

中学英语活动课作为活动课程的分支，其教学内容广泛，大致可分为以下几个方面。

第一，技能竞赛活动：竞赛内容有书法、朗读、问答、唱歌、单词、查字典、听说、猜谜、游戏、戏剧、演讲、英语辩论会、故事、快速阅读、翻译、对话、英文习作等。

第二，板报园地活动：由班上推出4~6人组成采编小组，分工负责设计版面、绘制刊头、征集稿件等，也可以在教师的指导下学生轮流定期出版。板报内容可略高于学生的知识水平，内容可包括语言基础知识、趣味问答、智力游戏、趣味阅读、疑难解答、方法指点、习题解答、作业展览等，版板内容也可以是英语日常用语、课堂用语等。

第三，综合服务台活动：可设小卖部、图书馆、公用电话、医生诊所、车站、小岗亭等，学生轮流做服务员或相关角色，用英语进行交流。

第四，英语沙龙活动：英语沙龙活动在班内或校内创设，吸引英语爱好者自愿参加。

第五，社会实践活动：组织学生到外国人较多的旅游胜地旅游、参观，也可以将外国朋友请进来。

由此可见，中学英语活动课的教学内容丰富多彩。科学地安排这些活动课的内容应遵循三条最基本的原则：实践与交际为主，认识与认知为辅的原则；思想性、知识性与趣味性相结合的原则；多样性与针对性兼顾的原则。

③教学组织形式、过程和方法。中学英语活动课的教学组织形式多种多样、灵活多

变，十分符合中学生的心理特点。所谓教学组织形式，是指教学活动中师生相互作用的结构形式，或者说是师生的共同活动在人员、程序、时空关系上的组合形式。英语活动课的教学组织形式要解决的问题，就是教师以什么形式把学生组织起来活动，是个体活动还是群体活动，是集中活动还是分散活动，活动内容如何安排，活动时间如何规定和分配，等等。目前，英语活动课的两种基本组织形式是小组活动和班级活动。

英语活动课的教学过程是由教师的指导和学生的参与组成的活动过程，是教师通过指导学生开展活动引导学生学习英语的过程。英语活动课的基本教学方法包括竞赛、表演、阅读、训练、欣赏、访问等。中学英语活动课要遵循实践性原则。英语活动课是学生的一种语言实践活动。以学生的语言实践活动为主，不再是主要通过教师讲授、教材学习、作业练习等途径来获取知识，而是让学生在教师辅导下直接去接触生活，通过亲身体验来获得知识，巩固运用知识，提高水平。例如，学了有关写贺卡的课文后，可组织学生在教师节前或圣诞节前给教师制作节日贺卡的活动，要求贺卡上的地址、姓名及内容全部用英语书写。英语活动课可以用的几种主要的教学方法为：情景教学法、欣赏教学法、故事感染法、歌谣教学法、愉快游戏法、竞赛激励法、专题讨论法、表演教学法等。

④中学英语活动课课型。中学英语活动课课型有：英语语音活动课、英语词汇活动课、英语语法活动课、英语专题讨论会话活动课、英语综合知识运用活动课、英语故事会活动课、英语话剧活动课、英语谜语活动课、英语书法活动课、英语唱歌活动课等。

（4）创设逼真的语境。语言环境是否真实将直接影响到学生能否真实地运用语言进行交际。然而有限的课堂条件不太可能允许教师去创设一个绝对真实的语言环境。教师所能提供的只可能是一个相对真实的语境，通过这一相对真实的语境以达到训练学生交际运用英语的能力。

例如，在学习"自我介绍"的话题时，很多教师采用的方法是让学生相互操练，或者根据课文所提供的语境进行表演。但是这种训练方法有很大的"不真实性"。学生在训练的过程中中出现了一些较为严重的语言错误（在真实情况下这些错误足以造成对方的不理解），学生即使不对这些错误进行调整，训练还是能够顺利地发展下去。导致这一现象的根本原因就是教师忽视了学生在使用语言时的心理活动。学生使用语言时的自我调整能力没有得到有效的培养，语言训练变成了按部就班的"台词表演"。这就是人们常说的"不真实"。这种"不真实"的语境对于训练学生的语言运用能力是低效的。

再如，教师可以把一些假名写在一些纸片上，然后将这些纸片分发给学生。并要求学生相互不能看到对方的假名。在这样一个相对真实的语境中，学生在训练过程中较能表现出积极、主动的态度。如果在训练中一方出现了不能使对方理解的语言错误，则会迫使其主动地对自己的错误语言进行调整，从而达到"和对方交流"的目的。语言环境的相对真实会使学生在训练中有"身临其境"的感觉。学生的心理活动也会随着语境的发展而作出相应的积极反应。由此可见，一个相对真实的语境在训练学生运用交际语言的活动中起着多么重要的作用。

英语教学语境创设的手段可以是多种多样、丰富多彩的，到目前为止也没有唯一的标准。但是在创设语境，运用语境教学时唯一的目的便是让学生更好地学习语言，而不是为了语境的创设而创设。因此，如何在将来的英语课堂教学中利用各种手段更为妥当地运用语境教学，还是一个值得研究并不断探索的课题。

3. 为了生活，提升教学

（1）教学目的生活化。教学目的生活化，即教学是为生活而服务，是为了有情地生活，有爱心地生活，负责任地生活。

文化知识本是生活的结晶，但当人们单纯地把它们作为知识传授，而没有顾及它们对于生活的意义时，人们所授的文化知识只是与人无关且僵化的内容。

人应该通过教育更好地生活。通过教育，人学会生活，学会去生活，去经历生活的一切，去创造生活；通过教育，人的生活内涵不断丰富，生活视野不断开阔，生活世界不断充盈；通过教育，人学会感受生活，欣赏生活，享受生活，不断领悟并获得生活的意义；通过教育，人的生活品质不断改善，生活境界不断提高。人面对变化的生活境遇，应使生活智慧与生活精神不断充盈，人凭借它走上积极的新生活，步入充实的人生。总而言之，通过教育，人生活得更好。

（2）教学活动生活化。教学活动生活化，即基于学生已有知识和经验的教学（教学即经验的组织和重新组织）。任何有效的教学都是始于对学生已有经验的充分挖掘和利用。学生的经验包括认知经验和生活经验。学习的过程是学生在原有知识和经验的基础上自我建构、自我生成的过程，这是建构主义的精髓。

（3）教学过程生活化。教学过程生活化，即把教学过程看作师生运用课程资源共同建构知识和人生的过程。教学即生活，生活即教学；学习的过程，即是生活的过程。课堂教学活动，就是师生共同享受生活的活动。

长期以来，由于课程设计上的封闭性，教师缺少课程资源的合法决策权，因而也就缺少了相应的课程资源意识和开发与利用的能力，教师和学生的生活、经验、问题、困惑、理解、智慧、意愿、情感、态度、价值观等丰富的素材性课程资源通通被排斥在教学过程之外，原本十分丰富的教学过程缩减成为单一的传授书本知识和解题技能的过程，一种十分狭义的"双基"成为教和学的客观对象与目标，教师、学生在课程和教学中的积极性、主动性和创造性被束缚了。

事实上，教师和学生在课程与教学中的主体地位的丧失，不仅否定了教学过程中知识的主观属性，也否定了教学过程作为师生共同的生活过程和人生过程的现实性，而且最终把教学过程窄化为"教教材、学教材、考教材"。

由此可见，书本知识是重要的课程资源，具有着客观属性，是教师教学和学生学习的对象。同时，知识也具有主观属性，是人类主观认识的成果，因而也可以是师生在教学过程中共同建构起来的。

有意义的教学过程，除了具有学习客观知识的特点之外，还应该成为广大师生运用课程资源共同建构知识和人生的生活过程。只有当广大师生的生活、经验、智慧、理解、问题、困惑、情感、价值观等素材性课程资源能够真实地进入课程、进入教学过程的时候，教师和学生才会真实地感受到教学过程是他们的人生过程，是他们生命的有机组成部分，教学才有可能真正地促进学生的健康成长和健全发展，才有可能不断地提高教师的专业发展水平，才有可能普遍地恢复它应有的生机和活力。

（4）考试内容生活化。考试内容生活化，即加强考试内容与社会实际和学生生活经验的联系，重视考查学生独立思考和解决问题的能力及实践操作的能力。

参考文献

［1］宾翠元. 刍议新课程标准背景下高中英语情景教学新思路［J］. 求知导刊，2020（18）：32.

［2］晁友波. 高中英语课堂教学模式创新［M］. 北京：现代出版社，2019.

［3］董越君. 高中英语阅读课词汇教学初探［J］. 中小学外语教学（中学），2011，34（10）：29-34.

［4］杜雪梅. 高中英语词汇教学新视角［J］. 中小学教师培训，2016（9）：56-59.

［5］方巧英. 高中英语听力教学策略［J］. 基础教育研究，2019（20）：58-59.

［6］冯瑞存. 高中英语阅读教学改进策略的思考［J］. 成才之路，2020（17）：61-62.

［7］傅瑞屏. 英语课程与教学论［M］. 广州：广东高等教育出版社，2014.

［8］高杰. 高中英语听力教学中存在的问题及改进策略［J］. 现代交际，2018（1）：145-147.

［9］韩美竹，席静. 高中英语课堂教学风格和学习风格匹配情况的调查研究［J］. 教学与管理，2006（12）：51.

［10］何亚男，金怡，张育青，等. 高中英语写作教学设计［M］. 上海：上海教育出版社，2017.

［11］胡壮麟. 语篇的衔接与连贯［M］. 上海：上海外语教育出版社，1994.

［12］黄娟. 高中英语听力教学现状及改进策略摭探［J］. 成才之路，2018（5）：37.

［13］黄远振. 新课程英语教与学［M］. 福州：福建教育出版社，2003.

［14］金烁. 高中英语听力教学问题与教学优化路径构建［J］. 北极光，2019（1）：138-139.

［15］李建. 英语阅读课堂教学模式研究［J］. 教学与管理，2010（36）：129-130.

［16］李丽雯. 多媒体网络环境下英语自主学习监控的探究［J］. 教学与管理，2010（27）：124.

［17］李如密，刘玉静. 个性化教学的内涵及其特征［J］. 教育理论与实践，2001（9）：37-40.

［18］李姝绮，张辉蓉. 论个性化教学目标的生成路径［J］. 现代中小学教育，2013（10）：20-23.

［19］廖英. 高中英语教学中时效性资源的多维开发［J］. 教学月刊（中学版），2013（3）：12-14.

［20］刘红. 高中英语阅读教学现状和改进策略［J］. 山东社会科学，2016（S1）：342.

［21］刘晓丽. 高中生英语自主学习管理策略研究［D］. 太原：山西大学，2016：7-25.

［22］孟佳. 运用过程写作法提高中学英语记叙文写作技巧［J］. 新教育时代电子杂志（教师版），2020（41）：103.

［23］钱珍娣. 高中英语阅读教学的障碍及策略探讨［J］. 教育与教学研究，2020，34（7）：102-104.

［24］石雪莲. 写长法在高中英语写作教学中的应用研究［J］. 农家参谋，2019（8）：276.

［25］孙胜强. 浅析如何有效开展高中英语的阅读教学［J］. 学周刊，2020（20）：52-53.

［26］王芳. 新课改下高中英语教学的发展趋势［J］. 报刊荟萃：下，2018（5）：142.

［27］王耿正，曹殿俊，黄付巧. 高中英语阅读教学理论应用研究［M］. 长春：吉林人民出版社，2019.

［28］王普. 新高考改革背景下高中英语教学改革初探［J］. 福建茶叶，2020，42（4）：237.

［29］王艳玲. 新课程视域下高中英语词汇教学的问题与对策研究［J］. 中小学教师培训，2015（7）：56-58.

［30］魏宏君，徐云飞. 基于移动终端的中学英语听说课教学探讨［J］. 教学与管理（理论版），2017（12）：104-107.

［31］魏丽. 合作学习在高中英语课程中的实施分析［J］. 福建茶叶，2019，41（12）：126.

［32］吴军俐. 功能语言学与外语听说和阅读［M］. 昆明：云南大学出版社，2015.

［33］夏育文. 新课改形势下高中英语教师的角色转换［J］. 教学与管理（理论版），2010（11）：90-91.

[34] 徐海琴，金武. 中学英语教学的创新发展 [M]. 延吉：延边大学出版社，2019.

[35] 杨云，史惠中. 基于主题意义探究的高中英语读写活动设计 [J]. 教学与管理（中学版），2020（4）：42-45.

[36] 叶恩理，翁颖卿，汪润，等. 英语阅读教学中的目标定位：综合视野视角 [J]. 英语教师，2016，16（1）：157.

[37] 余文森，吴刚平. 新课程的深化与反思 [M]. 北京：首都师范大学出版社，2004.

[38] 云雅峰. 高中英语读写结合视阈下的有效教学 [M]. 长春：吉林人民出版社，2019.

[39] 詹金秀. 浅议高中英语听力教学的建议 [J]. 课程教育研究，2019（36）：100-101.

[40] 张殿恩. 汉英衔接文化性研究 [M]. 北京：中央民族大学出版社，2013.

[41] 张芸. 高中英语教学探索：走向个性化的人文素养培育 [M]. 上海：上海教育出版社，2016.

[42] 章策文. 高中英语拓展性阅读的教学实践 [J]. 教学与管理（中学版），2020（6）：38-41.

[43] 赵松碧. 高中英语听力教学中的问题及应对策略分析 [J]. 中国校外教育，2019（12）：106.

[44] 中华人民共和国教育部. 普通高中英语课程标准（实验）[M]. 北京：人民教育出版社，2003.

[45] 朱永生. 英汉语篇衔接手段对比研究 [M]. 上海：上海外语教育出版社，2001.

[46] 庄彩芹. 浅谈高中英语阅读教学与研究 [M]. 北京：北京邮电大学出版社，2015.

[47] 卓义胜. 新高考背景下高中英语单元教学的创新 [J]. 教学与管理（中学版），2018（4）：60-62.